JA JA JA JA JA
JA JA JA JA JA

Ilustraciones: Pepe Pardo y Ana Cañas
Diseño y maquetación: Miguel Ángel Parreño
Correción de textos: Carmen Blázquez
Imposición electrónica: Miguel Ángel San Andrés

c/ Campezo s/n
28022 Madrid (España)
Tel.: 913 009 100 - Fax: 913 009 118
Impreso en España

Chistes
temáticos

susaeta
ediciones s.a.

Prólogo

«La risa es un remedio infalible». Es una frase muy popular pronunciada incluso por médicos especialistas como remedio para alguno de sus pacientes. Y es que, de lo que no cabe ninguna duda, es de que todos nos sentimos mucho mejor, más tranquilos y relajados cuando nos reímos o después de haber disfrutado de unas buenas carcajadas.

Esa es la función que tiene el maravilloso invento del chiste, recurso eficaz para pasar un buen rato en compañía de unos amigos. Los chistes se cuentan en situaciones muy dispares, a veces incluso en circunstancias muy alejadas de lo que puede ser alegre o gracioso, pero da igual, cuando alguien empieza a contar un chiste todo el mundo pone atención. Los hay que los cuentan con más gracia y los hay que por mucho empeño que pongan en ello no logran contar un chiste con salero.

Con el fin de que no paren de reír con ellos y los lean una y otra vez, haciendo partícipe de ellos a quien deseen hacer feliz, hemos realizado una selección de los mejores chistes clasificados por temas para que cada uno los pueda leer en orden a sus predilecciones.

Índice

Chistes

Médicos, matasanos y otras especies

—¡Doctor!, ¡doctor! Me duele aquí.

—Pues, póngase allí.

—¡Doctor!, ¡doctor! Tengo el estómago sucio.

—Pero ¿usted qué se nota?

—Que me rasco y me salen pelotillas.

El médico le dice al paciente al que acaba de explorar:

—He cambiado mi diagnóstico, así que voy a cobrarle el doble por darle una segunda opinión.

Un señor va a la consulta del médico y éste le dice:

—Verá, aquí empleamos un nuevo método basado en la autosugestión. Repita conmigo: Estoy curado, estoy curado, estoy curado.

El paciente lo repite y a continuación el médico le dice:

—Muy bien. Son 20.000 pesetas.

—Repita conmigo —le dice el paciente—: estoy pagado, estoy pagado, estoy pagado.

La enfermera le dice al doctor:

—El paciente está leyendo un artículo de una revista. Entrará en cuanto termine, doctor.

—Doctor ¿qué padezco? —pregunta un paciente mientras el médico le ausculta el pecho.
—Pues *padece, padece... padece* usted un *ozito*.

Un fumador empedernido va al médico y le dice:

—Doctor, usted me ha prohibido que fume. Lo he intentado por todos los medios que conozco y que hay en el mercado. Pero no lo consigo.

—Está bien. Todavía tiene otra posibilidad. ¿Por qué no prueba a casarse?

☺☺☺☺☺

—Y qué tal, don Cenón, ¿qué tal va eso? —pregunta el doctor a su paciente.

—Peor, doctor, hoy estoy mucho peor.

—Bien... en ese caso va a dejar de tomar las píldoras que le receté ayer.

—No, si no las he llegado a tomar. Se me olvidó comprarlas.

—Ah, sí ¿eh? Y luego quiere estar mejor. Si no toma ni lo que le receto.

☺☺☺☺☺

Después de una complicada operación el médico le dice al paciente:

—Lo siento muchísimo, pero tendremos que operarle de nuevo. La verdad es que le dejé uno de mis guantes quirúrgicos en el estómago.

—No se preocupe, doctor, tenga 500 pesetas y cómprese otro.

☺☺☺☺☺

—Doctor tengo un oído malo.

—¿Cuál es?

—Compruébelo usted. Yo no los puedo ver.

☺☺☺☺☺

—Perdóneme, doctor, que le vuelva a interrumpir pero es que mi cabeza... ya sabe. ¿Cómo me dijo que se llamaba lo que yo tenía? ¿Piscis? ¿Sagitario?

—Cáncer, le dije que era cáncer.

En la trastienda de una farmacia se oye una explosión espantosa... ¡PUUUUMMMMMM!

Pocos minutos después sale el farmacéutico con la camisa quemada, la cara chamuscada y sangrando profusamente. Acercándose al cliente que aguardaba al otro lado del mostrador, el farmacéutico le grita lleno de ira:

—¡Tome! ¡Llévele de nuevo la receta a su médico y dígale que la escriba a máquina!

Un checo que tenía problemas de vista acude al oculista. Éste, para examinarle, le muestra un cartel con las siguientes letras: CVGTPCHBNYTSDSR. Y le pide que las identifique.

—¡Por supuesto! —contesta—, es un viejo conocido mío.

Una señora corre a la consulta del médico que está tratando a su marido y le dice enfurecida:

—¡Oiga, doctor, el tratamiento que sigue usted con mi marido es nefasto y contradictorio!

—Cálmese, señora. ¿Puedo saber por qué dice eso?

—Pues sí. Ayer usted le dice que no debe tener ninguna preocupación, que tiene que estar muy tranquilo y que tanto él como la familia deben evitar toda clase de emociones, buenas y malas... ¡y hoy le manda usted la cuenta de sus honorarios.!

—Doctor tengo un problema de personalidad, nadie me hace caso.

—A ver, ¡que pase el siguiente!

—¡Doctor! ¡Doctor! Dígame la verdad. ¿Podré tocar la guitarra después de la operación?

—Sí hombre, claro que sí y perfectamente.

—¡Qué bien! Porque no sé.

—¡Doctor! ¡Doctor! Me he roto el brazo en varios sitios.

—Pues yo que usted no volvería a esos sitios.

Una señora acude a la consulta del médico con síntomas de agotamiento y le explica al doctor:

—Por las noches no duermo porque el estrés no me lo permite. Durante el día tampoco puedo porque mi marido es hiperactivo y no me deja parar ni un momento. ¿Qué puedo hacer?

—Le voy a recetar un sedante que tiene que dar a su marido por la mañana y por la noche.

—Pero, doctor, él sí puede dormir. La que no duerme soy yo.

—Sí pero el sedante que le estoy recetando a su marido le permitirá a usted descansar.

—Verá, señor Vela —dice el doctor a su paciente— su estado responde a una situación de estrés provocado sin duda alguna por su trabajo. Lo que yo le recomiendo es que salga de casa todo lo que pueda y realice un viaje por mar; esto siempre da resultado y volverá nuevo. ¿Su trabajo y su tiempo libre se lo permiten?

—Claro, doctor, yo soy capitán de un transatlántico.

Una señora de edad muy madura llega al hospital después de sufrir un accidente de tráfico. El médico la examina mientras la enfermera anota sus datos personales: golpes en la cabeza, fractura del brazo derecho, luxación de clavícula... Mira a la mujer y le dice:

—¿Cuál es su edad, señora?

—Treinta y cinco.

El médico dice a la enfermera:

—Anota también pérdida de memoria.

—¡Doctor! ¡Doctor! ¡Tengo paperas!

—Pues tenga cien duros más y ya tiene pa' plátanos.

☺☺☺☺☺

—Usted, señor, tiene una vista excelente; es extraordinaria.

—Pues ya ve, doctor, no me sirve de nada. Cuando trabajo debo recurrir siempre a unas lentes muy potentes.

—Pero ¿qué profesión tiene?

—Soy astrónomo.

☺☺☺☺☺

—Le recomiendo —le dice el médico a su paciente— que, dado su agotamiento y su cansancio, no realice trabajos que tengan que ver con la cabeza...

—Pero eso es imposible doctor. Mataría de hambre a mi familia. Yo soy peluquero.

☺☺☺☺☺

El doctor le dice a don Gregorio:

—¿Ve? Hice bien en recetarle baños en el mar.

—¿Estoy curado?

—No, está más limpio.

☺☺☺☺☺

—Doctor, tiene que curar a mi hermano porque se cree yo.

—Humm, extraño caso, ¿por qué no lo trae aquí?

—Si lo he traído, doctor, yo soy él.

☺☺☺☺☺

—¡Doctor! ¡Doctor! Cada vez que oigo hablar de comida, vomito.
—¿Le ocurre muy a menudo?
—¡UARRRRRRKKKKKK!

—¡Doctor! ¡Doctor! Que me ha dado una patada un camello.

—¿Dónde?

—En el Sáhara.

Un señor llega a la consulta del médico acompañado por dos morenas guapísimas de veinte años:

—Mire, doctor, ¿pueden ser éstas las mulatas que me dijo?

—¡Muletas!, imbécil. ¡Le dije muletas!

Un hombre asiste a la consulta de un dentista y, cuando éste le ha examinado, le dice:

—Lo siento pero usted tiene la dentadura en muy mal estado, me temo que es necesario sacarle al menos siete dientes.

—¡Qué espanto! ¿Y eso es muy doloroso?

—Hombre yo a veces siento calambres en el brazo...

—Doctor, tengo un problema de doble personalidad.

—Pues siéntese aquí y hablamos los cuatro.

Un amigo visita a otro en la clínica:

—Gustavo, ¿de qué te han operado?

—¡Yo qué sé! No te digo que me durmieron...

Una señora visita a su esposo en el hospital y le nota preocupado:

—¿Qué te pasa? Te veo preocupado.

—Es que me van a operar y la enfermera se ha pasado la noche diciendo: «No se preocupe, nada malo va a pasar, siempre hay una primera vez, pero no todas las veces va a pasar igual».

—Bueno, deberías agradecerle que se pasara la noche dándote ánimo.

—Es que no me lo decía a mí; se lo decía al doctor que me va a operar.

Un hombre llama por teléfono a un médico:

—Doctor, estoy mal, muy mal. ¿Cuánto me cuesta una consulta suya?

—Hombre... depende. Cien dólares en la clínica, cuatrocientos a domicilio...

—¿Y si me ve en la esquina?

En la consulta del psiquiatra, éste le pregunta a su paciente:

—Pero entonces, usted antes de casarse ¿qué es lo que hacía?

A lo que el paciente, un individuo muy complejo, le responde:

—Lo que me daba la gana, doctor, lo que me daba la gana.

—Doctor, tengo un problema. Yo me paso todo el día hablando conmigo mismo.

—Eso no es un problema. Mucha gente habla consigo misma.

—Ya doctor, pero ¡yo soy tan aburrido!

El médico pregunta al paciente:

—¿Qué es lo que le ha traído aquí?

—Una ambulancia, ¿por qué?

—Pues mi doctor me dijo que en dos semanas estaría andando.

—¿Y lo consiguió?

—Ya te digo, tuve que vender el coche para poder pagarle.

(En el oculista.)

—Vamos a ver, ¿qué pone aquí?

—MFVVIJ.

(El paciente no acierta ni una letra.)

—¿Y aquí?

—PANTAI.

(Sigue sin acertar ninguna.)

Después de dos horas el oculista le muestra una «A» de dos metros por dos metros.

—¿Qué letra es ésta?

—¡La jota!

El oculista, desesperado, decide dar por acabada la consulta.

—Y bien, doctor. ¿Cree que necesito gafas?

—¿Gafas? ¡Usted lo que necesita es un perro lazarillo!

—Doctor, cada vez que bebo una taza de café, siento un terrible dolor en el ojo derecho.

—Pero hombre, saque antes la cucharilla de la taza.

El doctor, después de la operación, pregunta al paciente:

—¿Cómo se siente, señor?

—Muy bien, pero tengo la sensación como de que antes de la operación me hubieran dado un golpe en la cabeza con un bate.

—Excúseme, pero no hubo otro remedio. Nos quedamos sin anestesia.

Un señor va al doctor y le dice:

—Doctor, sufro graves problemas: tengo líquido en la rodilla, cataratas en los ojos y, ademas, padezco de gota de vez en cuando.

A lo que el doctor le responde:

—Mire, yo no sé para qué viene a verme a mí. Usted debe ir a un fontanero.

Un señor va al médico con los dos lados de la cara quemados.

El doctor le pregunta:

—¿Cómo le ocurrió esto?

—Estaba planchando cuando me llamaron por teléfono y, sin querer, en vez de coger el teléfono me pegué la plancha a la cara.

—Bueno, bien, pero, ¿y el otro lado?

—Cuando llamé a la ambulancia.

El médico le dice a su paciente en tono muy enérgico:

—Y ya sabe que en los próximos meses nada de fumar, nada de beber, nada de salir con mujeres todos los sábados e ir a comer a esos restaurantes caros, nada de viajes ni de vacaciones...

—Pero ¿sólo hasta que me recupere, doctor?

—¡No! ¡Hasta que me pague todo lo que me debe!

—¡Doctor! ¡doctor! Se me juntan todas las letras.

—Pues páguelas, hombre, páguelas.

—¡Doctor! ¡doctor! Me siento mal.

—Siéntese bien, hombre, siéntese bien.

En el cementerio están enterrando a un hombre:

—¡Maríaaaaaaaa! ¡Que no estoy muertoooooooo!

—Cállate, hombre, que quieres saber tú más que el doctor.

Llega un tipo a la consulta de un doctor y le dice:

—Doctor, tengo un problema.

—Muy bien, señor, ¿cuál es su problema?

—Doctor, creo que soy un perro.

—Pero ¿desde cuándo?

—Pues desde que era un cachorrito.

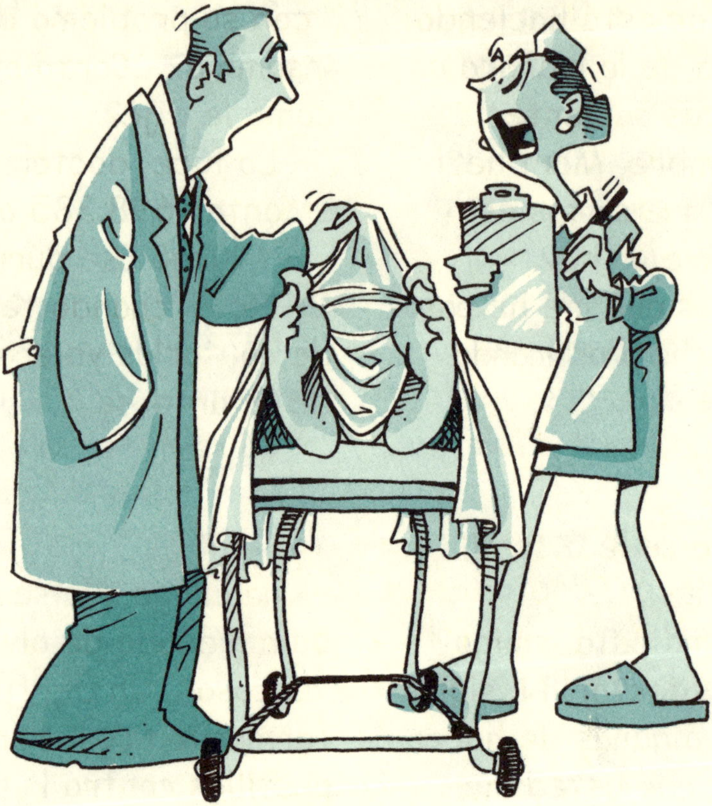

El médico forense dice tajante a la enfermera:

—Diagnóstico: muerte natural.

—¿Natural? —dice la enfermera—, ¡pero si murió acribillado!

—Claro —responde el médico—, después de haber recibido cincuenta impactos de bala, ¡es NATURAL que se haya muerto!

El doctor está haciendo la visita de la mañana a todos sus pacientes:

—¡Hombre, Martínez! Parece que su tos es mucho mejor hoy.

—Sí, es que me he pasado la noche practicando.

El médico le dice al paciente:

—¿Cómo está, amigo?

—Mal, doctor. Ni siquiera tengo ganas de hacer todo lo que usted me prohibió.

—Doctor, no estoy bien. Escucho voces.

—Eso es grave. Pero ¿cuándo las escucha?

—Pues cada vez que atiendo el teléfono.

con su problema de insomnio? ¿Contó ovejas como le dije?

—Lo hice, doctor. Llegué a contar 698.385 ovejas.

—Y luego ¿se durmió?

—No. Y cuando terminé de contarlas ya era hora de levantarse.

Una amiga mía se quejaba a menudo de olvidar las cosas. Un día fue a la farmacia a comprar unas pastillas contra la pérdida de memoria. La farmacéutica le preguntó el nombre de la medicina y mi amiga, indignada, respondió:

—¿Cree usted que si lo recordara tendría que comprarlas?

Elena acude al psiquiatra y le dice:

—¡Por favor, doctor, dígame qué debo hacer: mi marido cree que es un frigorífico!

—No hay motivo de preocupación —contesta el médico—. Es un delirio inofensivo y muy común. Ya se le pasará.

—Pero, doctor, usted no me ha entendido —replica Elena.

Es que duerme con la boca abierta y la lucecita no me deja dormir.

Llega un tipo con un ataque de nervios al psiquiatra y le dice:

—Llevo tres semanas soñando que mi suegra viene a comerme cabalgando sobre un cocodrilo...

—¿Sí? —contesta el psiquiatra.

—Sí, doctor... esos ojos amarillos, esa piel escamosa, esos dientes afilados...

—¡Qué visión tan terrible! —dice el psiquiatra.

Y el hombre le contesta:

—¡Y espere a que le describa el cocodrilo!

—Hola, ¿hablo con el hospital psiquiátrico?

—No, aquí no hay teléfono.

Un señor llega a la consulta con su señora y le dice al médico:

—Mire, doctor, sigo muy mal de la memoria aunque estoy tomando una medicina nueva.

—¿Ah sí? ¿Cómo se llama lo que toma?

—Pues… a ver… déjeme ver… oiga ¿cómo se llaman esas gotas que quedan en las plantas cuando deja de llover?

Y el médico le responde:

—¿Gotas de rocío?

—Eso es. ¡Rocío, cariño! ¿cómo se llama esa medicina nueva que estoy tomando?

—A ver, saque la lengua.

—Pero doctor, lo que me duele es el estómago.

—Ya, pero no le voy a pedir que saque el estómago.

El médico le dice al paciente:

—Tómese dos tabletas antes de acostarse y, si se despierta mañana, tómese otras dos…

Un médico un tanto retórico visita a un paciente y durante el reconocimiento le va diciendo:

—Veamos. Nos duele mucho la garganta y tenemos la sensación de que algo nos obstaculiza la respiración, lo cual nos impide el proceso normal de salivación… ¿no es así? ¿Qué decidimos entonces, amigo mío?

—Pues… si quiere podríamos ir juntos a visitar a un médico… tenemos los mismos síntomas…

Un gallego esperando que naciera su hijo en el hospital de maternidad ve salir al médico y le pregunta:

—¿Cómo está mi hijo? ¿Ya nació, verdad?

El doctor contesta:

—Sí, claro, pero le tuvimos que poner oxígeno.

A lo cual, contesta:

—Rediez, y yo que le quería poner Manolo.

Un célebre médico cobraba veinte mil pesetas por la primera consulta y diez mil por cada una de las siguientes. Un «listillo» que no deseaba pagar las veinte mil pesetas y creía preferible empezar por la segunda visita, entró en la consulta diciendo:

—Doctor, aquí me tiene otra vez.

—Muy bien, desnúdese.

Después de un largo examen, el doctor concluyó:

—Esto va bien: continúe con el tratamiento que le puse en la primera visita.

Un veterinario enfermó y fue a su médico y éste le preguntó:

—¿Qué es lo que le duele?

Entonces el veterinario le dijo:

—¡Ah no, señor! ¡Así es demasiado fácil!

Un paciente muy preocupado en el consultorio de un médico:

—Doctor, cuando duermo ronco muchísimo y muy fuerte.

—¿Qué pasa, que le molesta mucho?

—No, a mí no.

—Ya. Entonces es que tiene problemas con su esposa.

—No, ella duerme como un tronco.

—Entonces ¿molesta a los vecinos?

—Gracias a Dios no tengo vecinos.

—Entonces ¿cuál es el problema?

—Es que me han echado ya de cinco trabajos.

—Doctor, doctor, el pelo se me está cayendo, ¿me puede dar algo para conservarlo?
—Sí, claro, aquí tiene una caja de zapatos.

—Doctor, doctor, aus-cúlteme.
—¡Rápido, debajo de la cama!

—Doctor, doctor, quisiera unas lentillas con vallas.
—¿¿¿¿Con vallas????
—Sí, es que tengo los ojos saltones.

En la consulta del médico: —Doctor, creo que estoy perdiendo la memoria.
—¿Hace cuanto tiempo que le pasa esto?
—¿Hace cuanto tiempo de qué?

Va un vasco con el hijo al medico y le dice:
—Doctor, doctor, que se le ha roto el brazo al chico.
—Vamos a tener que ponerle escayola...
—Oye, ponle mármol, que tengo para pagar.

Una rana al doctor:
—¡Doctor, doctor, me han salido almohombres!

—¡Doctor! ¡doctor! Que he tenido un accidente y las piernas me duelen tanto que no puedo andar.

—A ver... Bah, esto no es nada, dentro de unos días le aseguro que está usted trabajando otra vez.

—¡Qué bueno es usted, doctor! No sólo me cura, sino que además me encuentra trabajo.

Una joven va al médico.

—Doctor, doctor, me duele aquí.

—Uy, eso es apendicitis seguro, tenemos que operar ahora mismo.

—¿Pero qué dice? Yo quiero tener una segunda opinión.

—Bueno, también opino que es usted muy atractiva.

—Querido, estoy desesperada. El médico me dio a entender que estaba muy gorda.

—¿Por qué?

—Porque me dijo: ¡Abra la boca y diga MUUUUU!

—Doctor, doctor, mi mujer cree que es una gallina.

—Bueno, pues tráigala a ver si la curo.

—¡Si hombre, con la falta que nos hacen los huevos!

☺☺☺☺☺

—Doctor, doctor, tengo tendencias suicidas ¿qué hago?

—Págueme ya mismo.

☺☺☺☺☺

—Doctor, doctor, no puedo recordar nada.

—Vaya, ¿y desde cuándo tiene usted este problema?

—¿Qué problema?

☺☺☺☺☺

—Doctor, doctor, el hombre invisible está esperando.

—Dígale que no puedo verle y haga pasar al siguiente.

☺☺☺☺☺

Antes de una operación extremadamente peligrosa:

—Doctor, doctor, estoy muy preocupado por esta operación, ¿cuáles son mis posibilidades?

—Bah, olvídese del asunto, de todas formas no va a notar la diferencia.

☺☺☺☺☺

—Doctor, doctor, me duele todo.

—¿Todo? A ver, cuénteme.

—Pues verá, me toco la cabeza y me duele. Me

toco la rodilla y me duele. Me toco el brazo y me duele.

—Perdone, ¿usted es irlandés?

—Sí, ¿cómo lo ha sabido?

—Creo que tiene usted un dedo roto.

Un veterinario va a ver al médico.

—Doctor, doctor, me duele aquí.

—A ver... hmmm... tendremos que hacer un análisis de sangre y otro de orina, para ver si...

—¿Pero qué dice? ¡Yo soy veterinario, y me basta echar un vistazo a mis animales para saber qué es lo que tienen!

—Bueno, yo me imagino lo que es esto, si quiere le doy la receta ya y si las cosas no van bien le sacrificamos.

El paciente se empieza a recuperar de la anestesia y pregunta:

—Doctor, doctor, ¿ha sido usted capaz de conservarme la mano?

—Sí, aquí la tiene, en un frasco de formol...

—¿Cómo puedes saber si un certificado de defunción ha sido rellenado por un médico ruso recién inmigrado a los Estados Unidos?

—Porque el médico ha firmado donde dice «causa de la muerte».

El dentista le dice al paciente:
—No es necesario que abra tanto la boca.
—¿Pero no tiene que meterme las pinzas?
—Sí, pero yo me quedo fuera.

—Doctor, doctor, me gustaría vivir mucho tiempo.

—Mm... veamos, ¿usted fuma?

—Sí.

—Bueno, pues nada de eso, se ha acabado el fumar para usted.

El hombre asiente.

—¿Usted bebe?

—Sí.

—Nada de beber. Sólo agua. Sin excepciones.

El pobre hombre lo comprende.

—¿Usted está casado?

—Sí.

—Bueno, pues según salga usted de la consulta va a comprar dos camas pequeñas y no vuelva a tocar a su esposa. Nada de sexo en lo sucesivo.

El tipo pone cara de preocupado.

—¿Y qué tal come?

—Pues lo normal...

—Nada, eso le sienta fatal. Le voy a recetar una dieta a base de verduras que...

—Oiga, ¿pero todo esto realmente hará que viva más?

—Pues no, la verdad, pero lo que le quede de vida le parecerá una eternidad.

—Pues hemos comprado un corazón artificial para mi abuelo.

—¿Y cuánto ha costado?

—Veinte duros.

—Pues por ese precio, seguro que es malísimo.

—No creo, estaba garantizado de por vida.

Va un futbolista al médico y le dice:

—Doctor, tengo rotos todos los dedos de los pies.

El doctor le pregunta qué le ha pasado y le contesta que, jugando al fútbol, un aficionado tiró al campo un pedrusco cuando iba a sacar un córner y en vez de patear la pelota pateó la piedra.

—¡Madre mía! —dice el médico.

El futbolista contesta:

—Y eso que no vio al que remató de cabeza.

Va un tipo al médico y le dice:

—Doctor, doctor, soy incapaz de decir Federico.

—¿Cómo?

—Que soy incapaz de decir Federico.

—Pero si lo dice perfectamente.

—¿De verdad, doctor?

—Sí.

Se va de la consulta, llega a casa y le dice a la mujer:

—María, vete al «federico» y saca dos cerve-

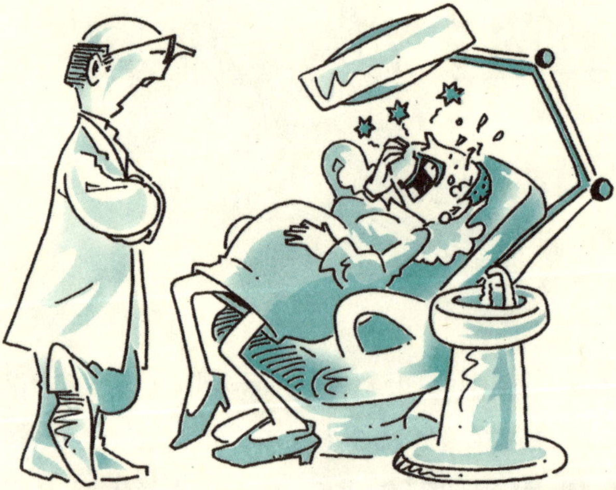

Una señora llega al dentista y le dice:

—¡Ay doctor! No sé qué es peor... que le saquen a uno una muela o ponerse de parto.

A lo que el dentista responde:

—Pues decídase, señora, para ver de qué postura adapto el sillón.

zas, vamos a celebrar que ya estoy bien.

☺☺☺☺☺

Un señor sale de la consulta del médico muy cabreado y se encuentra a un amigo.

—Qué pasa, tío, te veo con mala cara.

—Pues mira, que vengo del médico. Le he contado todo mi problema y encima me ha insultado, el muy idiota. Y es que últimamente no puedo ni dormir por las noches porque después de un par de horas me levanto en un charco de sudor. Es un asco.

—¡Anda! ¡Pues cómprate un colchón *poroso*!

—¿¿¡Por oso!?? ¡¡Y tú por cretino!!

☺☺☺☺☺

—Doctor, doctor, tengo algo en la cabeza.

—Pues demuéstrelo y dígame que le pasa.

☺☺☺☺☺

—Doctor, doctor, veo elefantes azules por todas partes.

—¿Ha visto ya a un psicólogo?

—No, sólo elefantes azules.

☺☺☺☺☺

—Doctor, doctor, ¿cómo se encuentra mi hijo, el que se tragó una moneda de cincuenta pesetas?

—Sigue sin cambio.

☺☺☺☺☺

Un tipo ingresa en un hospital para hacerse una pequeña operación.

Una enfermera empieza a tomarle los datos; el nombre, la compañía del seguro, etc.

—En caso de emergencia, ¿a quién avisamos?

—¿Quiere decir si estoy a punto de morirme?

—Bueno... sí...

—En ese caso, llame corriendo a un doctor.

—Doctor, doctor, soy estéril, ¿es posible que le transmita este problema a mis hijos?

Tras examinar a un alcohólico crónico, el médico le dice :

—No encuentro la razón de sus dolores de estomago, pero francamente, creo que esto se debe a la bebida.

—Bueno, entonces volveré cuando usted esté sobrio.

—Pero doctor, ¿me está usted cobrando 10.000 pesetas sólo por escayolarme un brazo?

—¿Y qué espera por ese precio? ¿Papel pintado?

Ring, ring...

—¿Sí?

—¡Doctor, doctor, mi mujer está a punto de dar a luz!

—¿Es su primer hijo?

—No, soy su marido.

—¡Doctor, venga inmediatamente! —dice la sirvienta de una casa noble—. La señora padece dolor de estómago, el señor un cólico, el señorito dolor de oído y a mí me está empezando la jaqueca...

—Bien ¿dónde tengo que ir? —pregunta el doctor.

—A Villa Sonrisas, en la Plaza de la Salud.

Un hombre va al médico y se queja de que tiene una oreja más grande que la otra. El médico le pide que se la enseñe, pero el hombre no quiere porque el médico se va a reír. El médico le jura que no, pero cuando le enseña la oreja, el médico cae al suelo de la risa al ver que la oreja es gigante, a lo que el hombre le contesta:

—¡AHORA, POR PAYASO, NO TE ENSEÑO LA GRANDE!!!!!!!

A un pueblo del Oeste llega una carreta y un tipo con pinta de charlatán empieza a hacer propaganda de una poción, que supuestamente le conserva joven a pesar de que tiene trescientos años.

Un campesino se acerca dudando a uno de sus ayudantes.

—Oiga, ¿y de verdad que este tío ha vivido trescientos años?

—Mire, no lo sé, yo sólo llevo doscientos trabajando con él.

☺☺☺☺☺

El doctor llama por teléfono a su paciente:

—Verá, tengo una noticia buena y otra mala.

—Bueno... dígame primero la buena.

—Los resultados del análisis indican que le quedan 24 horas de vida.

—Pero bueno, ¿esa es la buena noticia? Entonces ¿cuál es la mala?

—Que llevo intentando localizarle desde ayer.

☺☺☺☺☺

—¿Conoces la historia de ese médico que quiso curar a un paciente de ictericia y estrabismo?

—No, ¿qué le pasó?

—Le quitaron la licencia cuando descubrieron que el paciente era chino.

☺☺☺☺☺

Una lepera se rompe una pierna y se pasa dos meses en el hospital.

Sin embargo, cuando vuelve al trabajo al día siguiente de ser dada de alta, sorprende a todo el mundo apareciendo con unos tacones altísimos. Su jefe se decide finalmente a preguntarle:

—Oye, y ¿cómo es que después de una fractura así vuelves con tacones de diez centímetros de altura?

—Es que el doctor me dijo que mantuviera los pies en alto.

Va un tipo a revisarse los ojos y le pregunta el oculista:

—A ver ¿qué letra es esa?

—La A.

—A ver inténtelo de nuevo.

—La A.

—No. Tiene que poner más atención, a ver qué letra es.

—La A.

—Me está poniendo frenético. ¿QUÉ LETRA ES...?

—La A.

Se acerca el oculista al cartel...

—¡Pero si es la A!

Marcelino llama a un médico:

—¡Doctor! Mire, si un día de estos va a pasar cerca de mi casa, y se acuerda, visíteme. Pero no haga un viaje sólo por venir.

—Está bien. Como quiera, pero, ¿de qué se trata?

—Bueno, en realidad sólo es que a mi mujer se le torció el otro día la mandíbula y lleva varios días sin poder hablar.

—¡Doctor, doctor! Desde que mi mujer me dejó no puedo dormir.

—¿Por qué? ¿La echa mucho de menos? —pregunta el doctor.

—No. Es que se llevó la cama.

Un amigo le dice al otro:

—Mi medico me ha dicho que deje de jugar al fútbol.

—¿Qué te pasa?

—Nada, sólo me vio jugando.

—¿Este balneario es bueno para el reúma?

—¡Toma claro! Aquí lo cogí yo.

Chistes

Borracheras, «merluzas» y bares

Un tipo intenta convencer a un borracho amigo suyo para que deje de beber y le pone un ejemplo. Para ello coge dos vasos, uno con agua y otro con ron y le dice:

—Mira, meto un gusano en el vaso de agua y ¿qué le pasa?... Nada. Ahora meto el mismo gusano en el vaso de ron y ¿qué le pasa?... Se murió. ¿Qué conclusión puedes sacar tú de todo esto?

El borracho lo mira, piensa y le dice:

—Que a los que tomamos ron nunca nos entran los gusanos.

Un hombre entra en un bar y pide que le vuelvan a poner un whisky, minutos después de haber tomado otro. El camarero observa que el hombre, al mismo tiempo que bebe, introduce su mano en el bolsillo y saca algo, lo observa y acto seguido lo vuelve a guardar. Cuando ya no puede aguantar la curiosidad, se acerca al hombre y le pregunta:

—¿Podría decirme qué es lo que saca del bolsillo y contempla con tanta insistencia?

—Sí, es la foto de mi suegra. Cuando la empiezo a encontrar agradable es que es hora de parar de beber.

Un borrachín llega a su casa y se acuesta en la cama con su mujer. El borracho la despierta y le pregunta:

—Pepa, ¿cuánto miden los pingüinos?

—¡Ay no sé! Como medio metro.

—¿Segura? ¿No hay alguna especie de pingüino rey que mida como metro y medio?

—¡No, hombre! Tan grandes no los hay. Y déjame dormir.

—¿Seguro que no hay, mi amor?

—Sí, estoy segura. Y déjame dormir ya, pelmazo.

—¡Ay, Pepa! Entonces lo que acabo de atropellar hace un rato era una monjita.

Un borracho cantando en mitad de la calle a las cuatro de la mañana despierta a todo el vecindario. Entonces viene un policía y le dice:

—Por favor, ¿quiere acompañarme?

—Sí, pero, ¿qué instrumento tocas tú?

☺ ☺ ☺ ☺

En un bar un cliente le pide al camarero una ración de gambas. El camarero se dispone a servirlas y se encuentra ante el panorama de que sólo le quedan las rotas y descabezadas, pero piensa: «¡Bah! Se las pongo igual, y si se queja se las retiro...».

Al servirlas, el cliente le dice:

—¿Y esto qué es?

—Es que venían tan frescas y vivas que se estaban peleando...

—Bien ¡pero vaya y sírvame a las ganadoras!

☺ ☺ ☺ ☺

Llega un borracho a una cafetería y pregunta al camarero:

—Buenas ¿tiene café frío?

El camarero le responde que no y el borracho se va diciendo:

—¡*Ta* bien, gracias!

Al otro día vuelve otra vez y le pregunta de nuevo al camarero:

—Hola, ¿tendría una tacita de café frío?

El camarero le responde nuevamente que no. Al otro día el camarero ve que el borracho se acerca y piensa para sí: «Si me vuelve a pedir café frío le voy a decir que sí tengo, a ver para qué quiere saberlo». Cuando llega el borracho le pregunta al camarero:

—¿Tiene café frío?

—Sí, sí, tengo café frío —responde el camarero.

—*Pos* caliénteme una tacita, haga el favor.

Tres borrachos están bebiendo como de costumbre. De repente uno de ellos dice tristemente:

—Amigos, tengo que deciros que he leído en una revista que de cuatro personas que consumen alcohol, una se muere de cáncer de hígado.

—Bueno, tranquilo, porque nosotros sólo somos tres.

Un hombre llega borracho a su casa y cuando abre la puerta y ve su imagen reflejada en el espejo de la entrada se va corriendo a llamar a la policía:

—¡Vengan rápido que hay un ladrón en mi casa!

Uno de los policías le acompaña a su casa, abre la puerta con sigilo y le dice:

—¡Bah! No se preocupe, ya hay un policía dentro.

☺ ☺ ☺ ☺

—¿Cómo que no puedo conducir? —dice un señor muy ebrio al policía—. No pretenderá que vaya a mi casa andando en el estado en el que estoy; no me tengo en pie.

☺ ☺ ☺ ☺

En París, un borrachito sale de la taberna dando tumbos y se encuentra de pronto debajo de la Torre Eiffel. Mirando hacia arriba, piensa en voz alta:

—¡Qué raro es esto! Con la de años que lleva aquí y todavía no han encontrado petróleo.

☺ ☺ ☺ ☺

Un borrachín va en su coche y un policía de tráfico le manda detenerse. El oficial le pide la documentación y observa que el individuo va borracho. Entonces le dice:

—Mire, tengo que comprobar su estado de embriaguez. Baje del coche y camine en línea recta.

El borracho comienza a caminar en zig zag y el oficial le dice:

—Pero hombre, si está usted que no puede ni caminar.

Y el borracho le responde:

—Claro ¿y por qué cree que voy en coche?

☺ ☺ ☺ ☺

Un tipo llega muy borracho a su casa y como todas las noches empieza a gritar:

—¡¡¡Maríaaaaa, Maríaaaaaa!!!

Su esposa se acerca a la ventana y le dice:

—Pero ¿otra vez borracho? Esto es el colmo. ¿Qué quieres, que tire la llave?

Y el marido le dice:

—No, la llave la tengo, pero bájame la cerradura, que hoy no la encuentro...

Llega un borrachito a su casa a las 6 de la madrugada y su madre que lo ve le aconseja:

—Hijo mío ¿por qué no dejas esta mala vida? ¿No ves que te estás matando poco a poco?

Y el hijo le contesta:

—Si es por eso, madre, no se preocupe, porque no tengo ninguna prisa en morirme...

Dos borrachos van a alta velocidad en un coche. Llegan a una curva y se estrellan contra la columna. Al poco rato aparece un policía y les pregunta:

—¿Quién iba conduciendo?

Y uno de los borrachos dice:

—No lo sabemos, porque nosotros íbamos sentados atrás.

—Ayer apostamos a ver quién era capaz de beber más —le dice el esposo a su mujer.

—¡Qué divertido tuvo que ser! ¿Y quién quedó segundo?

Decía un borrachito a otro:

—Cuanto más aguardiente tomo, más bonito me pongo y cuanto más bebo, más guapo soy.

Y le dice el otro:

—¿Y cómo sabe usted eso, compadre?

—Bueno, porque cada vez que llego a casa

borracho mi mujer me dice: «¡¡¡MUY BONITO, PERO QUE MUY BONITO, TÚ SIGUE ASÍ!!!».

El policía acude a socorrer a un coche que acaba de estrellarse y le pregunta al conductor:

—Iba usted en sentido contrario. ¿Cómo es posible que no haya visto la flecha?

—Pues le juro ¡hip! Que ni siquiera... ¡hip!... vi a los indios ¡hic!

Un borrachito que está parado en la calle le dice a una señora que pasa:

—Disculpe, señora, pero ¿dónde está la acera de enfrente?

La señora le señala hacia el otro lado de la calle y el borrachín le dice:

—¡No puede ser! Hace un momento me mandaron desde allá para acá.

Un señor llega a su casa muy bebido y la mujer que lo está esperando en el salón, le dice:

—¡Qué bien! ¿eh? Hoy falta un cuarto de hora para las cinco...

Y le interrumpe el marido:

—¡Hic! ¡No puede ser! ¡En esta casa siempre nos falta algo!

Un borracho iba camino de su casa desde el último bar, con una botella de ron en su bolsillo. Para llegar a su casa tenía que atravesar un monte y se cayó varias veces. En una de las caídas el hombre sintió un líquido que le corría por las costillas y las piernas y muy asustado exclamó: «¡Ay, que sea sangre, por favor, que sea sangre!».

☺ ☺ ☺ ☺

Un borrachín sale de la taberna y se encuentra a un señor muy elegante, vestido de uniforme, que sale de un lujoso hotel. Se acerca a él y le dice:

—¡Oye, tú! ¡Llámame a un taxi!

El señor, indignado, le contesta:

—Por si no lo sabe, buen hombre, debo advertirle de que está hablando con un almirante.

—Bueno, no se ponga así. Me da igual si me llama a un barquito. ¡Con tal de que me lleve...!

☺ ☺ ☺ ☺

Estaban dos borrachitos en un bar y uno le dice al otro:

—No bebas más, que te estás poniendo borroso.

☺ ☺ ☺ ☺

Va un borracho conduciendo en dirección contraria por una autopista muy concurrida y enciende la radio; entonces escucha: «Se advierte a los conductores que van por la autopista A-5 que hay un conductor circulando en dirección contraria». Entonces el borracho, muy asustado, exclama:

—¡OH NO, UNO NO, VAN CIENTOOOOS!

☺ ☺ ☺ ☺

Un hombre llega a un bar y dice:

—¿Me pone una copa de coñac, por favor?

Entonces empieza a entrenarse a soltar puñetazos al aire como hacen los boxeadores. El camarero le mira asombrado y no le hace caso. Al rato:

—¿Me pone otra copa de lo mismo?

Y continúa el boxeo. Al rato:

—Otra, por favor.

Y sigue con el boxeo. El camarero tomándole por chiflado le dice:

—¿Qué? ¿Cuándo empieza la pelea?

—Cuando usted quiera, no tengo dinero...

☺ ☺ ☺ ☺

—¡Hola, Pepe! ¿Qué haces bebiendo una limonada?

—He dejado de beber.

—¿Y eso? Si bebías como una esponja.

—Es que vino la suegra a visitarnos y al abrir la puerta vi dos.

☺ ☺ ☺ ☺

Un borracho saca las cerillas para encender un cigarro, pero no encienden. Saca una tras otra y las tira. Después de bastante tiempo, una de ellas enciende. La apaga y dice:

—¡Hip, hip! La guardo... ¡hip!,... ésta es de las buenas.

—¡Camarerooo! ¿Tiene bocadillos?

—Sí, pero depende.

—Pues me pones uno con mucho pende...

Un borrachín le enseña a un amigo un reloj que le han traído de fuera:

—¡Mira qué reloj me ha traído mi primo! Da la hora, los minutos, los segundos, la fecha, es alarma, cronómetro, tiene luces...

—¡Diablos! ¡Cuántas cosas! —le dice el amigo asombrado.

—Y además mi primo me dijo que me podía bañar con él pero aún no he encontrado el botón para que eche el agua...

El borrachito del pueblo iba dando traspiés por las afueras del cementerio. Unos bromistas que le ven deciden darle una lección: dejarle en un ataúd, meterle en una tumba abierta y divertirse así con el susto del borracho, para que no le queden ganas de volver a beber nunca más en su vida.

Lo hacen los mozos y se esconden para ver qué es lo que sucede cuando el borrachín se dé cuenta de dónde está.

Pasa toda la noche y cuando llega el nuevo día suena de pronto la estrepitosa sirena de la fábrica del pueblo. Entonces se abre la tapa del ataúd, asoma la cabeza el amigo borrachín, echa una ojeada a su alrededor y exclama:

—¡Éste es el día de mi resurrección...!
¡Esto se merece un gran trago...!

En un restaurante el camarero acaba de servir la sopa a un señor cuando éste le dice:

—¡Camarero! ¡Venga inmediatamente!

El camarero se apresura y le dice:

—Sí, dígame, señor.

—¡Tengo una mosca en la sopa! —le dice el señor muy enfadado.

—Calle, calle que no hay para todos.

☺ ☺ ☺ ☺

Un guardia observa que un hombre camina trabajosamente con un pie en la calzada y otro en la acera. Se acerca a él y le dice:

—¿Está usted borracho?

—Ah, pues no sé.

—Al menos tiene usted toda la pinta de estarlo...

—¡Pues menos mal! Creía que era cojo.

☺ ☺ ☺ ☺

Un borrachito le dice a otro:

—Así que yo no tengo cura.

—¿Cómo no vas a tener cura, hombre?

—Porque el médico me dice que de ahora en adelante debo beber más agua que vino. Y eso es imposible.

—Pero ¿por qué va a ser imposible? Por cada vaso de vino que tomes mañana bebe dos de agua.

—Te digo que eso es imposible para una persona; yo bebo cinco litros de vino diarios...

☺ ☺ ☺ ☺

Un individuo en estado de total embriaguez entra en un bar y a duras penas llega hasta la barra.

—¡¡¡Barrrrghman!!!, ¡hip! ¡Dame un tragggggo!, ¡hip!

El barman, al verlo, se le acerca y le dice amablemente:

—Oiga, amigo, usted ha bebido demasiado, ¿por qué no se va a su casa a descansar?

El borracho se le queda mirando, pero al final decide levantarse y dando muchos tumbos se va. A los diez minutos, el barman ve que el mismo individuo entra al bar por la otra puerta lateral y se dirige a la barra por un costado y, después de mucho pelear con el asiento, grita:

—¡¡¡¡¡Barrrrrrm!!!!! ¡Un traggggggg!, ¡burp!

El barman se dirige hacia el borracho y le dice en tono un poco más brusco:

—Oiga, señor. Usted está muy mal. No puedo servirle un trago en ese estado. Levántese y lárguese a su casa.

El borracho, sorprendido, le vuelve a mirar fijamente, va a decir algo, pero no le salen las palabras. Muy pausadamente sale por donde ha entrado.

Pasa media hora y de repente el barman le ve entrar por la puerta de la cocina y, como si nada, se sienta en la barra y a todo pulmón grita:

—¡¡¡¡¡¡Barrrrggggggg!!!!!!! ¡¡¡¡¡¡Dammmmm!!!!!!! ¡¡¡¡¡Tragggggggg!!!!!!

El barman, totalmente enfurecido, va donde está el borracho y le dice en tono desafiante:

—Mire usted, señor. Ya está bien. Le he dicho ¡QUE A USTED NO LE PUEDO SERVIR TRAGOS PORQUE SE NOS VA A MORIR AQUÍ MISMO! Voy a llamar a la policía para que se lo lleven si no sale de aquí ¡AHORA MISMO!

El borracho alza la cabeza y lo mira aún más sorprendido, sus ojos empiezan a enrojecer y brotan lágrimas. Deja caer su cabeza sobre la barra y dice llorando:

—¡¡¡Agggghhhhh desgraciado!!! Pero dime, ¿en cuántos malditos bares trabajas tú, eh?

—¡Oiga, camarero! ¿Tiene ancas de rana?

—Sí señor.

—Pues, haga el favor, dé un salto y tráigame un filete con patatas.

—Cada vez que vengo a la taberna mi mujer está una semana sin hablarme.

—Y ¿vienes a menudo?

—Una vez a la semana.

Dos hombres salen de la bodega dando traspiés...

—Cuando le eche el aliento a mi mujer al hablar y se dé cuenta de que he bebido otra vez, la vamos a tener.

—Pues haz lo que yo. Contéstale con la boca cerrada.

—¿Qué hay en el mundo mejor que un vaso de vino? —le dice un borrachito a su compañero.

—Pues ¡una botella de vino! —contesta el otro.

Un borracho llega a su casa tropezando con todo y entra «derechito» al baño. Al rato le dice a su mujer:

—María, mi vida... hic. Deberíamos cambiar de casa. Esta no me gusta porque tiene fantasmas.

—¿Fantasmas? ¡Tú si que tienes fantasmas! ¡Pero en la cabeza, de lo que has bebido!

—Que te digo que hay fantasmas. He abierto la

puerta del... hic, baño y se encendió la luz solita. Hice lo que tenía que hacer, cerré la... hic, puerta, hic, y se apagó sola de... hic, nuevo.

—¡Serás bobo! ¡Has vuelto a equivocarte con el frigorífico!

Un borracho ve a otro aporreando una farola y le pregunta:

—Pero ¿qué haces?

— ¿Qué hago? Llamando a mi casa a ver si me quieren abrir de una vez.

—¡Ah! Pues sigue intentándolo que hay alguien porque arriba hay luz.

En un bar entra un tío:
—¿Tienen Casera?
—No. No trabajamos esa marca.
—Pues me voy.
—Oiga, ¡que no hay que tomarse los anuncios tan a pecho!
—No, si es que soy el repartidor.

Dos borrachines van de vuelta a casa después de haber estado toda la noche de correría. Uno le dice al otro:
—Y recuerda, por ningún motivo, nadie, absolutamente nadie debe saber dónde hemos estado esta noche. No lo olvides.
—Bien —contesta el otro—, pero si verdaderamente eres amigo mío podrías decírmelo por lo menos a mí.

—Camarero, camarero, hay una mosca en mi sopa.
—No se preocupe, señor, no beberá mucho.

☺ ☺ ☺ ☺

—¡Camarero, una tortilla!
—¿Francesa o española?
—¿Y qué más da? ¿Se cree que voy a hablar con ella?

☺ ☺ ☺ ☺

Un tío llega a un bar y le dice la camarera:
—¿Qué quiere, café o té?
—Echa-te, nena, echa-te.

☺ ☺ ☺ ☺

—Camarero, camarero, ¿qué hace esta mosca en mi sopa?
—Yo diría que braza australiana, señor.

☺ ☺ ☺ ☺

—Camarero, camarero, ¡hay una mosca nadando en mi sopa!
—¿Y qué quiere que haga, que traiga un salvavidas?

☺ ☺ ☺ ☺

—Camarero, camarero, ¿qué significa esta mosca en mi sopa?
—No lo sé, señor, no soy adivino.

☺ ☺ ☺ ☺

—Camarero, camarero, hay una mosca muerta en mi sopa.
—Sí, señor, la verdad es que nadan bastante mal.

—Camarero, camarero, hay una mosca muerta en mi sopa.

—¡Chsss...! Cállese, o todos los clientes nos la pedirán.

☺ ☺ ☺ ☺

—Camarero, camarero, mi plato está mojado.

—No señor, no es que esté mojado, eso es la sopa.

☺ ☺ ☺ ☺

—Camarero, camarero, está usted metiendo su corbata en mi sopa.

—No se preocupe, señor, no encoge.

☺ ☺ ☺ ☺

—Camarero, camarero, ¿se ha dado cuenta de que lleva metido el pulgar en mi sopa?

—No se preocupe, señor, no está muy caliente, no me quema.

☺ ☺ ☺ ☺

—Camarero, camarero, ¿es esto todo lo que tiene para comer?

—No, señor. En cuanto llegue a casa me comeré una pierna de cordero.

☺ ☺ ☺ ☺

—Camarero, camarero, tráigame un té sin leche.

—Lo siento, señor, no tenemos leche, ¿qué le parece un té sin crema?

☺ ☺ ☺ ☺

—¡Camarero, camarero, el perro del cocinero acaba de llevarse mi solomillo!

—Sí, señor, es que le gusta mucho.

—Camarero, camarero, hay un gusano en mi plato.

—No, señor, eso es la salchicha.

Un borracho va caminando por la calle tambaleándose. Entonces se encuentra a una señora que va paseando y le dice:

—¡Señora, por favor! Haga el favor de decirme cuántos chichones llevo en la cabeza.

Y la señora le responde:

—Uno, dos, tres... siete chichones. ¿Por qué quiere saberlo?

—Porque así sé que me faltan tres para llegar a casa.

—Camarero, camarero, hay una cucaracha muerta en mi ensalada. Quiero que venga el encargado.

—Eso no servirá de nada, señor, el encargado también les tiene asco a las cucarachas.

☺ ☺ ☺ ☺

—Camarero, camarero, ¿esto es cordero o pollo?

—¿No lo puede distinguir por el sabor?

—No.

—¿Entonces por qué se queja?

☺ ☺ ☺ ☺

—Camarero, camarero, ¿cuánto tiempo ha estado usted trabajando aquí?

—Seis meses, señor.

—Ah, perdone, entonces usted no puede ser el que me atendió.

☺ ☺ ☺ ☺

—Camarero, camarero, quisiera tomar un huevo frito grasiento y un filete de cerdo quemado, con una ensalada aguachinada.

—Lo siento, señor, aquí no servimos así.

—¿Cómo que no? Ayer mismo.

☺ ☺ ☺ ☺

—Camarero, camarero, quisiera un vaso de té.

—Yo también, pero por favor, mi vaso que esté limpio.

—Sí, señores.

Al cabo de un rato, vuelve el camarero y dice:

—¿Quién de ustedes me había pedido el vaso limpio?

—Camarero, camarero, pruebe esta sopa.

—Sí, señor. ¿Dónde está la cuchara?

—A-ja-ja...

En el restaurante:

—Camarero, ¿me podría dar otra vuelta de sartén a la lubina? Es que se me está comiendo la guarnición.

Un tipo pide una sopa y, cuando se la sirven, el camarero le pregunta si está demasiado caliente. Entonces mete un dedo dentro de la sopa, luego se lo lleva a la boca y dice:

—¡Que si está caliente! ¡Me he quemado la lengua!

Éste es un chiste gráfico; ponte la mano sobre la cara, cubriéndola, mientras dices:

—Camarero, creo que este pulpo está un poco crudo.

—Camarero, camarero, ¿qué es esto que hay en el menú?

—Eso es comida, señor.

—¡Pero qué asco! ¿Y cada cuánto limpian ustedes las cartas?

—Camarero, camarero, este plato del día está literalmente podrido.

—Usted no dijo de qué día lo quería, señor.

Un hombre muy tímido entra a una cafetería.

—Me da... me da... esto, un café.

—¿SÓLO?

—Bueno, déme..., déme dos.

☺ ☺ ☺ ☺

—¿Cuál es la diferencia entre una boda y un entierro irlandés?

—En el entierro tocan a más alcohol por cabeza.

☺ ☺ ☺ ☺

—¡Mira si estoy borracho, que veo doble!

—No, si es que esos chicos son mellizos.

—¿Los cuatro?

☺ ☺ ☺ ☺

Chistes

España es diferente

La hija de don Jordi Puig le dice a su padre:
—¿Qué me darás, papá, cuando me case?
—Pues mucho ánimo, hija, mucho ánimo.

—¿Por qué en Lepe colocan una botella encima de la tele?
—Para ver el «vidrio».

☺ ☺ ☺

—¿Por qué los de Tomelloso llevan siempre boina?
—Porque es «funda metal».

☺ ☺ ☺

—¿Por qué en los coches patrulla de Lepe pone «Manolo Escobar»?
—Porque el alcalde fue a Londres y vio que en los de sus colegas londinenses ponía «Police».

☺ ☺ ☺

Un vecino de un pueblo de Cáceres comenta a otro después de haber estado unos días en Madrid en casa de los hijos:
—La otra noche los hijos se empeñaron en llevarnos al ballet y vimos a todas las chicas bailar de puntillas. ¡Es una maravilla!
—¿Y por qué no las contratan más altas? —contestó el paisano con extrañeza.

☺ ☺ ☺

Un guía turístico está explicando a un grupo de turistas andaluces el recorrido del Palacio de Versalles:
—En esta cama, han dormido Luis XIV, Luis XVI, Luis XVII, María Antonieta, la Pompadour...
Entonces se oye una voz de un turista que dice:
—Pues vaya noche mala que han debido de pasar...

Una vecina de un pueblo de Guadalajara le dice a otra:

—Yo te digo a ti que aquí la Casa de Salud no funciona como debería.

—Pero ¿por qué dices eso, Benita?. Además desde que hicieron la nueva se está estupendamente en ella.

—Sí pero yo lo único que sé es que cada vez que voy aquello está lleno de enfermos.

—¿Y usted de dónde es? —pregunta uno de Toledo a su compañero de tren.

—Yo de Extremadura.

—¿Pero de Cáceres o de Badajoz?

—No, no, del mismo Extremadura.

Una familia de raza gitana es emboscada en un camino por la Guardia Civil:

—¡Alto ahí! ¿Quién vive?

—*Vusotros* que tenéis *aconomato*.

Dos ladrones van a robar peras a un huerto al cual acceden a través de un agujero en una valla.

El dueño de los frutales, alertado por otros hurtos, les espera al otro lado con una pala en la mano...

Pasa el primero y el hortelano le da con la pala. Éste sale corriendo por el mismo hueco tapándose la cara con las manos y le dice al hermano:

—Corre, entra tú, que a mí me da la risa.

En un pueblo de Córdoba los lugareños mantienen esta polémica tras haber sufrido el pueblo y las inmediaciones un fuerte terremoto:

—Pero ¿cómo es posible que a las dos en punto haya temblado la tierra de este modo y el campanario no se haya venido abajo?

—Tiene su explicación —responde uno de los presentes—. Sabemos desde hace ya varios años que el reloj del campanario va atrasado diez minutos...

Un gallego se encuentra una lámpara maravillosa y sale de ella el genio que le dice:

—Dime qué deseo quieres que te cumpla.

—¿Pero no son tres deseos? —contesta el gallego.

—Siempre han sido tres pero con la crisis sólo puedo ofrecerte uno. ¿Lo quieres o no?

—Sí, mira, quiero que hagas una carretera desde aquí hasta Galicia para poder irme a casa.

—Oye pero eso es muchísimo —le replica el genio.

—Entonces quiero que me hagas el hombre más inteligente del mundo —contesta el gallego.

—Ya ¿y de cuántos carriles dices que quieres tú carretera?

PREGUNTA: ¿Cuántos vascos se necesitan para clavar un clavo?

RESPUESTA: 101. Uno para sujetar el clavo y cien para empujar la pared.

PREGUNTA: ¿Cómo reconoces a un gallego en un estadio?

RESPUESTA: Es el único que lleva salvavidas para cuando hagan la ola.

PREGUNTA: ¿Por qué los de Lepe hacen redondas las ventanas de sus casas?

RESPUESTA: Para que les entre sol.

Llega un gallego a una tienda de electrodomésticos y dice:

—Señor, ¿cuánto cuesta esta televisión?

—Lo siento, no nos está permitido vender cosas a los gallegos —contesta el vendedor.

Entonces el gallego se va y al cabo de un rato vuelve disfrazado...

—Señor, ¿qué precio tiene este televisor?

—¡No insista! Ya le he dicho que no podemos venderles cosas a los gallegos.

—Vaya, pero ¿cómo me ha reconocido? —pregunta extrañado el gallego.

—Muy fácil, porque esto no es un televisor, es un microondas.

PREGUNTA: ¿Por qué los gallegos dan Vicks Vaporub en las calles?
RESPUESTA: Para descongestionarlas.

☺ ☺ ☺

Un día iba un gallego por la autopista a más de 200 km/h y se le atraviesa un camión que le deja el coche como un acordeón. Entonces el gallego se baja enojado y dice:
—Oiga, me va a tener que pagar todos estos daños.
Y el camionero le responde:
—No hombre. Estos coches son de la nueva ola y sólo tiene que soplar por el tubo de escape para que se infle.
El gallego le da las gracias y en esto que se detiene detrás su amigo Venancio que lo había visto y le dice desde la ventanilla:
—Pero hombre ¿qué haces?
Y el gallego le contesta:
—Es que me han aplastado el coche y estoy soplando por el tubo de escape para inflarlo.
Y Venancio le responde:
—Pero estás idiota. Primero tienes que subir las ventanillas.

☺ ☺ ☺

PREGUNTA: ¿Por qué los gallegos abren las cajas de leche en el mismo supermercado?
RESPUESTA: Porque en el envase pone: «Abra aquí».

☺ ☺ ☺

En los Montes de Toledo un pastor explicaba a unos estudiantes de Biología que ellos sabían el tiempo que iba a hacer por la posición de las vacas:

—Si las vacas están de pie —decía el pastor— es que va a hacer bueno; si están echadas amenaza lluvia.

Después de un rato, continuaban caminando junto a él mientras seguía explicándoles cosas de la naturaleza. Al pasar por un prado ven que hay un grupo de vacas en el que unas estaban de pie y otras tumbadas.

Entonces los biólogos le preguntaron:

—¿Qué tiempo hará entonces?

—Parcialmente nuboso.

Se están duchando dos de Lepe en el gimnasio y uno le dice al otro:

—Manolo ¿me puedes dejar un poco de tu champú?

—Pero si tienes el tuyo al lado ¿es que se te ha acabado? —le contesta Manolo.

—No, pero mira, en el mío pone «para cabello seco» y yo ya lo tengo empapado.

Uno de Lepe le dice a otro:

—Me he comprado una escopeta de primera.

—¿No me digas? ¿Ahora entonces cazarás sin excusa?

—¿Que si cazo? Ayer mismo me fui de caza y del primer disparo maté cincuenta palomas.

—¿Me exageras?

—No, no eran mensajeras, eran torcaces...

Dos catalanes se encuentran en la calle y uno le dice al otro:

—Tío ¿de dónde vienes?

—De arreglar lo de mi abuela.

—Pues ¿qué le ha pasado?

—Que se ha quedado ciega.

—Y ¿vienes del oculista?

—No, de Iberdrola, de cortar la luz.

—Hola, buenas. Quería poner un telegrama a mi hermano porque se ha muerto nuestro padre.

—Pues mire que lo siento de verdad.

—Como que no hay nada más terrible. Bueno, esto... yo quería algo baratito, algo como «Vente Pepe. Muerto papá».

—Hombre, no sea tan escueto. Si además el mínimo que voy a cobrarle son seis palabras.

—¡Ah! Seis... seis... Bueno pues póngame: «Vente Pepe. Muerto papá. Vendo coche».

—¿Cómo se formó el Gran Cañón?

—Un catalán se puso a buscar una moneda de cinco duros.

Un listo de los muchos que hay se sienta en el tren enfrente de un cateto y piensa en pasar un buen rato riéndose un poco de él...

—Por favor ¿podría bajar la ventanilla?

—Sí claro, me da igual.

Y la baja. Pero al rato...

—Señor —le dice el joven de nuevo— ¿le importaría subir la ventanilla?

—Sí da igual. Yo la subo.

Y la sube. A los veinte minutos...

—Me va a perdonar pero... ¿podría bajar de nuevo la ventanilla?

—Y sin perdón. Yo la bajo. Si da igual.

Y la vuelve a bajar. Entonces el joven a la vista de la indiferencia del señor, le dice:

—Pero bueno... ¡no aguanto tanto servilismo, señor! ¿No se da cuenta de que le estoy vacilando? Tiene usted una paciencia a prueba de bomba. ¿A usted le da igual ir con la ventanilla abierta que cerrada con el frío que hace?

A lo que le responde el señor:

—Si es que le estoy diciendo que da igual, porque esta ventanilla no tiene cristal, que está roto...

Un catalán llega un día a Londres porque tiene que arreglar unos asuntos. Es la primera vez que sale de su país. Algunas horas después de llegar siente mucho frío y ganas de tomar un café caliente. Entra en un bar y pregunta cuánto cuesta un café. El camarero le responde:

—Un chelín en la mesa, y ocho peniques si lo toma usted de pie.

—Bien —contesta el catalán—, ¿y si lo tomo de pie y apoyado en una sola pierna?...

En un pueblo de La Rioja, un vecino le comenta a otro:

—¿Se ha enterado de que van a llenar las calles de ajos?

—¿Y eso por qué?

—Porque son muy buenos para la circulación.

Se encuentran dos catalanes en la calle:

—Pero Jordi, ¿por qué llevas esa tirita en la cara? ¿Qué te ha ocurrido?

—No, tranquilo. Es que me la encontré y me hice un pequeño corte para poder aprovecharla.

En un pueblo de Extremadura, el Servicio de Correos instaló un buzón en la plaza mayor y el alcalde mandó poner un letrero que decía: «Prohibido introducir paquetes que no entren por la ranura».

—¿Sabes por qué los gallegos nunca salen de su terruño?

—No.

—Pues porque cuando salen a la carretera y ven un letrero de cambio de sentido, dan la vuelta.

En un pueblo de la comarca del Bierzo, un lugareño estaba en la plaza leyendo un libro de proverbios en voz alta mientras los demás escuchaban. De pronto calló y los amigos y vecinos que le acompañaban le preguntaron que por qué no seguía. Él no contestaba ni una palabra. Entonces la mujer quiso enterarse de la causa de aquel repentino y extraño silencio. Cogió el libro y, al ver el proverbio de la página en la que se encontraba, leyó: «El silencio es oro».

Un vecino de un pueblo de Jaén lee las proclamas matrimoniales expuestas en el vestíbulo del Ayuntamiento.

—¿Qué estás leyendo? —le pregunta un amigo.

—No me molestes. Estoy intentando comprobar si

en nuestro pueblo se casan más mujeres que hombres.

☺ ☺ ☺

—¿Sabes cuántos chistes hay de gallegos?

—No.

—Sólo uno. Los demás son casos de la vida real.

☺ ☺ ☺

Dos vascos:

—Oye, Patxi, ¿en el cielo habrá frontón?

—Pues yo creo que sí, Iñaki, porque si allí todo es perfecto,pues habrá frontón.

—Oye, pues el primero que se muera que se lo diga al otro.

—De acuerdo.

Al cabo de unos años, Patxi se muere y al día siguiente, Iñaki oye una voz de ultratumba:

—Iñaaaaaki, Iñaaaaaki, Iñaaaaaki, soy Patxi.

—¿Qué quieres?

—Que te tengo que dar dos noticias, una buena y otra mala.

—¿La buena?

—Que yo tenía razón, que hay un frontón que te pasas, de más de 60 metros de fondo y con unas instalaciones alucinantes.

—¿Y la noticia mala?

—Que juegas mañana a las once.

☺ ☺ ☺

—¿Cómo duermen los catalanes?

—De canto, para no gastar las sábanas.

☺ ☺ ☺

Dos leperos van por un camino y pasan debajo de un letrero en el que leen: «Aceros inoxidables». Le dice uno al otro:

—¿Nos hacemos?

Un aldeano de la comarca del Bierzo vuelve al pueblo tras haber estado en Madrid por motivos burocráticos...

—He estado en la capital y me he comprado un reloj buenísimo.

—Bueno, será como todos —le contesta el vecino mientras toman el sol en un banco de la plaza.

—¿Como todos? ¿Como todos? Anda, mira el reloj de la plaza y dime qué hora ves.

—Las siete.

—Las siete ¿no? Pues mira el mío: las nueve. Fíjate si será bueno que le lleva a éste dos horas de adelanto.

Dos leperos en la mili, durante una marcha:

—Mira, un *ligarto*.

—Pero mira que eres bruto, ¿eh? Se dice *legarto*.

—¿Qué se va a decir *legarto*? Es *ligarto*.

—Mira, ahí está el sargento, que es un hombre de mundo, vamos a preguntarle a él.

—Mi sargento, queremos preguntarle cómo se llama ese bicho verde que hay encima de esa piedra, si es *ligarto* o *legarto*.

—Pues se dice *ligarto* o *legarto andistintamente*, pero la palabra *trénica, trénica* es *sipiente*.

En la mili:

—¡Compañía, armas al hombro!

—¡El del cañón no, hombre!

Un soldado durante la instrucción se cruza en el cuartel con otro militar:

—*Paasa*...

—¿Pero es que no sabes saludar?

—Anda, ¿y *pa* qué tantos miramientos?

—¿Es que no has visto los galones?

—¡Ah! perdón, pensé que era el de la Citroën.

En la mili:

—¡Soldado! ¡Ice la bandera!

—Pues le ha quedado muy bonita, mi sargento.

Un «sargento de hierro» les está echando el rollo a los recién llegados a la mili, y le pregunta a uno:

—Y a usted ¿qué rango le gustaría alcanzar en el ejército?

—General.

—¿General? ¿Está usted loco?

—No, ¿hace falta?

☺ ☺ ☺

En la mili están pasando lista:

—José Pérez.

—Presente.

—Juan García.

—Presente.

—Luis Grijalbo.

—Presente.

(...)

—Arturo Fernández.

—Está de juerga.

El sargento se queda alucinado. Así se va repitiendo todos los días y a lo largo de un mes el tal Arturo Fernández está de juerga; hasta que:

—José Pérez.

—Presente.

—Juan García.

—Presente.

—Luis Grijalbo.

—Presente.

(...)

—Arturo Fernández.

—Presente.

El sargento da dos palmadas y dice:

—¡¡Hombre, si ha venido!!

Arturo Fenández contesta al tiempo que hace unos movimientos así como de bailar sevillanas:

—No me toque las palmas que me conozco, no me toque las palmas que me conozco....

☺ ☺ ☺

—¿Y desde cuándo estás trabajando en esta oficina?

—Desde que me amenazaron con echarme si seguía haciendo el vago.

El presidente de una comunidad autónoma se dirigía en estos términos a sus conciudadanos:

«Hasta ahora, estábamos obligados a enviar a los locos de nuestra comunidad al manicomio más cercano. Pero hoy, finalmente, dispondremos de un gran hospital de locos exclusivamente para todos nosotros».

Un general está pasando inspección a la tropa, cuando de repente se le ocurre poner a prueba a sus soldados, y le pregunta a uno:

—A ver, usted, ¿qué haría si en un combate muriese el sargento de su patrulla?

—Nada, señor.

—¿Cómo que nada?

—Es que yo soy el sargento, señor.

☺ ☺ ☺

LOS DIEZ MANDAMIENTOS DE UN VAGO:

1. Se nace cansado y se vive para descansar.

2. Ama a tu cama como a ti mismo.

3. Si ves a alguien descansar, ayúdalo.

4. Descansa de día para que puedas dormir de noche.

5. ¡El trabajo es sagrado, no lo toques!

6. Aquello que puedas hacer mañana, no lo hagas hoy.

7. Trabaja lo menos que puedas. Lo que tengas que hacer, que lo haga otro.

8. Calma, nunca nadie murió por descansar.

9. Cuando sientas el deseo de trabajar, siéntate y espera a que se te pase.

10. Si el trabajo es salud, que trabajen los enfermos.

☺ ☺ ☺

—Jo, nuestro nuevo jefe es terrible, nos hace trabajar por cuatro... Suerte que somos doce en la oficina.

☺ ☺ ☺

El jefe regaña al empleado recién contratado que llega tarde el primer día de trabajo:

—López, debería haber estado usted aquí a las nueve.

—¿Por qué? ¿Me he perdido algo divertido?

Recién hechas las oposiciones, un funcionario de prisiones novato va a la prisión para empezar a trabajar, y se entrevista con el director.

—En este módulo hay individuos realmente duros; ¿cree que podrá manejarlos?

—Pues claro; y si no, que se vayan.

Dos vascos:

—Oye, Iñaki, ¿qué te da el último problema de matemáticas?

—Infinito.

—¿Sólo?

Un vasco entra en una ferretería.

—Oye, Iñaki, que me dijiste que con esta sierra mecánica podría cortar cien árboles a la hora, pero sólo llego a cincuenta.

El dependiente le coge la sierra y dice:

—A ver qué le pasa...

Coge y tira de la cuerda, arrancándola. El otro se queda alucinado.

—Oye, Iñaki, ¿qué es ese ruido?

Está un vasco cazando y le dice a otro colega (no vasco, claro):

—Desde aquí le puedo pegar a aquel pato entre los ojos.

—Imposible.

Va, dispara, le pega entre los ojos, y dice el otro:

—¡¡Dios mío!!

—Oye no, hombre, puedes llamarme Pachi.

Chistes

Querida familia

Un día estaba la familia reunida y los hermanos hablaban sobre lo que serían sus hijos mayores respectivos. Uno decía:

—Mi hijo será abogado pues discute todo el día con nosotros.

Otro dijo:

—Yo creo que el mío será veterinario porque se pasa el día cuidando animalitos.

—¿Y el tuyo? —le preguntaron al tercero.

—Creo que será camarero, porque le llamo y le llamo y nunca viene.

Un señor llega a su casa cansado después del trabajo, imaginándose lo que su mujercita ha podido preparar de cena. Cuando abre la puerta, se encuentra una nota encima de un libro que está sobre la mesa y dice:

«Querido: he ido a casa de mi madre. Tu cena está en la página 45».

Mi marido siempre ha criticado a las personas que, en su opinión, hablan demasiado. Hace poco me comentó en tono presuntuoso que había oído que los hombres pronuncian 2.200 palabras al día mientras que las mujeres decimos 4.400. Me quedé reflexionando unos instantes y luego respondí:

—Es que nosotras tenemos que decir dos veces las cosas.

—¿Cómo? —preguntó mi marido—. ¿Qué has dicho?

Los señores de Rodríguez van por primera vez a comer a casa de los Pérez. Al terminar la comida, a la señora Rodríguez le ofrecen la primera copa de coñac de su vida. El marido le dice:

—No, no deberías tomar. Puede caerte mal.

—Es igual, cariño, por una vez no va a pasar nada.

Cuando la señora Rodríguez prueba el coñac, se vuelve airada a su marido y le dice:

—¡Qué extraño! Sabe

exactamente igual que esa medicina que tomas tú desde hace tantos años...

Para celebrar que el padre iba a jubilarse de su trabajo de policía, los hijos decidieron preparar una fiesta para sorprenderle. En los dos meses siguientes, en absoluto secreto, hicieron todos los preparativos: contrataron un servicio de banquetes a domicilio, invitaron a más de cien amigos y parientes que iban a venir de todo el país, etc.

En la fiesta el padre se puso de pie para dirigir unas palabras a los invitados. Miró a toda la gente que se había reunido para festejarle sin que él lo sospechara, meneó la cabeza y dijo:

—Ahora entiendo por qué nunca me ascendieron a inspector...

—¡Hola, querida! Has telefoneado a tu madre ¿verdad?

—Sí. ¿Cómo lo sabes?

—Porque está mi sillón relax junto al teléfono.

—¡Ricardo! Voy un momento a casa de la vecina. Será sólo un minuto. Por favor, te ruego que cada media hora le eches un vistazo a la olla.

Un abuelito octogenario, que estaba hospitalizado y muy enfermo, se encontraba acompañado en todo momento por su hija. Ésta le insistía cariñosamente:

—Come tu sopita, papá, para que te pongas bien.

—No, no quiero sopita —contestaba él.

—¿Quieres lechecita? —le persuadía la hija.

—No, no quiero lechecita tampoco hija, ya no quiero nada.

—¿Quieres avenita mejor, papá? —volvió a preguntar la hija.

—¿A Benita...? ¿A Benita...? Sí, sí ¿y cuántos años tiene Benita?

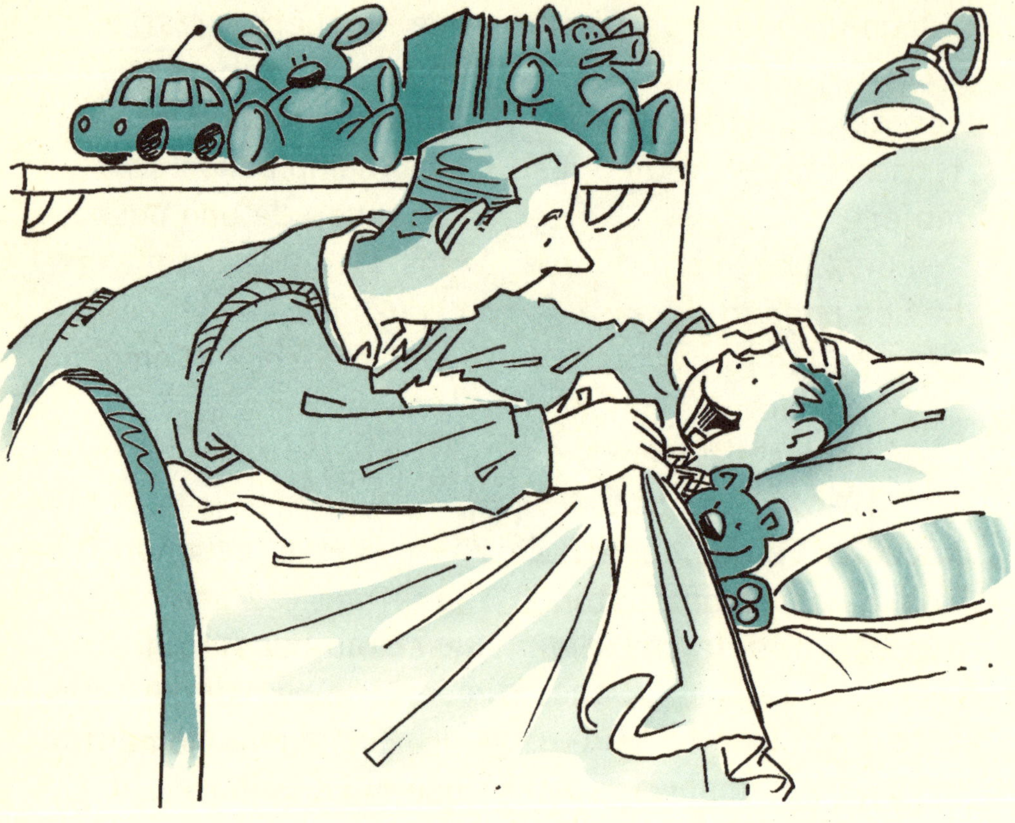

Un padre está acostando a su hijo por la noche con dulzura y cariño...

—Papá, yo cuando sea mayor quiero ser como tú —le dice el niño.

El padre todo orgulloso le responde:

—¿Y para qué hijo?

—Para tener un hijo como yo.

Llega un padre de familia a casa y al recoger el correo encuentra la factura del gas y le dice a su mujer:

—Luisa ¿has visto lo que hemos pagado de gas?

Y la mujer le contesta:

—Sí querido, es mucho, ¿qué vamos a hacer?

—¿Que qué vamos a hacer? ¿Te das cuenta de lo que nos están costando tus intentos de suicidio?

☺ ☺ ☺ ☺

Después de la comida, el abuelo, dirigiéndose a sus nietos fundamentalmente, les decía:

—Hijos, yo nunca he bebido, ni he fumado, ni me he acostado después de las diez de la noche; nunca he comido de más, ni he mirado a otra mujer que no fuera vuestra abuela. Y ¿sabéis qué? Mañana celebro mi centésimo cumpleaños.

Después de una pausa, el más joven de los nietos repuso:

—¿Celebrar? ¿Cómo?

☺ ☺ ☺ ☺

—Mariano, ¿cuándo fue la última vez que nos escribió nuestro hijo?

—No lo recuerdo, querida. Espera un momento que mire la matriz del talonario de cheques.

☺ ☺ ☺ ☺

Llega el hijo muy entusiasmado de la escuela y le dice a su papá:

—Papá, ¿dónde está Australia?

Y el padre le contesta:

—¡Yo qué sé! Pregúntale a tu madre que es la que lo guarda todo...

—Papá, papá, ¿tú tienes cuernos?
—No sé, hijo, porque tengo tantas cosas en la cabeza...

Un día se habían ido a pescar un padre y su hijo y cuando regresan el niño llega llorando a moco tendido... Al verlo, le pregunta la madre:
—¿Por qué lloras tanto, hijo?
—Es que papá pescó un pez así de grande y cuando lo iba a subir a la lancha se le escapó.
—Pero hijo, ese no es motivo para que llores así sino más bien para que rías.
—¿Y por qué crees que me pegó tan fuerte papi?

—Oye amigo ¿por cuánto me comprarías a mi suegra?
—¿Tú suegra? Por nada.
—De acuerdo, trato hecho.

Cuando se trata de recordar fechas, Arturo es una calamidad. Cierto día entró en casa todo orgulloso con un gran ramo de flores y le dijo a su mujer:
—¡Feliz aniversario, querida! ¿A que pensabas que no lo iba a recordar?

—Sí, cariño, así lo esperaba. Sobre todo porque hoy es la fecha de aniversario de tu primer matrimonio.

ELLA: ¡Has estado hablando toda la noche!

ÉL: Y tú ayer todo el día.

Un matrimonio se acaba de acostar y la mujer le susurra al marido:

—¿Te acuerdas, mi amor, qué felices éramos hace seis años?

—¿Seis años? ¡Pero si no nos conocíamos!

—Por eso cariño, por eso.

Un matrimonio se va con sus hijas al campo con la esperanza de inculcar en ellas el amor a la naturaleza. Una vez allí, el papá manda a las niñas recoger hojas de pino para hacer camas mullidas. Luego manda traer piedras para formar un círculo en un arroyo fresco para poner allí los alimentos perecederos. El papá les explica que ese será el frigorífico. Después, construye una estufa con un anillo de piedras rematado por una parrilla.

Cuando las niñas ya están impresionadas y entusiasmadas, la más pequeña le dice al padre:

—Papá, ahora Luisita y yo vamos a traerte más piedras para que nos hagas la televisión...

Un anciano campesino, muy poquita cosa él, recordaba las buenas cualidades de su difunta esposa:

—Fue muy buena mujer y muy buena esposa. Además, si alguna vez me pegaba lo hacía con la parte blanda de la escoba.

El papá de Angelito le decía:

—Toma, bonito, cómete esta píldora para adelgazar.

—Papá, mamá me dice todo lo contrario: que debo engordar.

—Ya, pero así te servirán los pantaloncitos del año pasado.

—¿Sabes? Me gustaría que mi suegra fuese una estrella.

—¿Para que fuese famosa...?

—No ¡para que viviera a 40 millones de años luz!

En una familia muy pobre el padre se dispone a dar una gran noticia:

—¡Esta Navidad compraré un jamón!

—¡Eso, eso! —contesta el más pequeño— y yo me siento delante.

Mientras una pareja está en la cama, el reloj de la iglesia suena: ¡Dong... dong!

—Pepe ¿qué hora es?

—pregunta la mujer al marido.

—La una —le contesta él.
—¿Estás seguro?
—Cómo no voy a estar seguro si la he oído dos veces.

Un marido gritaba desaforadamente al ver cómo se ahogaba su esposa al caerse a un río:
—¡Socorro! ¡Socorro! ¡Por lo que más quieran, ayúdenme a salvarla!
Una vez a salvo, el marido con el corazón en un puño dice a su mujer:
—Esta vez hemos tenido suerte... pero Antoñita ¡no volveré a dejar en tus manos mi cartera!

Una señora, tras haber tenido una gran bronca con su marido, se desmaya y no hay forma de volverla en sí. El marido, ignorando su estado, le dice a la sirvienta que atienda a la señora en lo que necesite. Al rato vuelve la sirvienta y le dice:
—Señor, no hay forma de reanimarla. La señora debe de haber perdido totalmente el conocimiento.
—Ya. Pues susúrrele al oído que ha llegado la modista para probarle sus nuevos vestidos...

La mujer le dice a su marido:
—Estoy harta de oírte decir: mis hijos, mis asuntos, mis muebles. No entiendes que en el

matrimonio siempre se habla en plural. Y ahora ¿qué estás buscando que hace una hora que no paras de dar vueltas y me tienes mareada?

—Estoy buscando nuestros pantalones y nuestra corbata, querida.

—...Y ahora que hemos hecho las paces, vamos a celebrarlo jugando a la guerra.

—Clarita, ¿vas a salir ya a jugar?
—No, esta tarde no puedo.
—¿Por qué?
—Le he prometido a papá que le ayudaría a hacer mis deberes.

Cuando el marido llega a casa, la mujer le abraza y le susurra tiernamente:

—Querido, no te lo quería decir antes de estar segura: pronto seremos tres.

El marido, emocionado, salta de alegría y le dice:

—¡Qué felicidad! Pero cariño ¿estás totalmente segura?

—Sí, he recibido un telegrama que dice: «Llegaré mañana. Mamá».

Pepe recibe una carta y cuando la abre encuentra una hoja en blanco...

—Es de mi mujer —dice con seguridad.

—¿Cómo lo sabes? —pregunta su amigo.

—Es que nos hemos peleado y juró no hablarme en un año.

—Mariano, ayer mientras dormías me insultaste.

—Pero, María, es que siempre estás pensando mal. ¿A ti quién te ha dicho que estaba durmiendo?

La mujer le pregunta a su marido:

—Dime ¿qué harías si yo muriera?

—Pues lo mismo que tú —contesta él.

—Ah ¿sí? ¡Me prometiste que no volverías a casarte nunca más!.

—Ay, Felipe, no quería dormirme hasta que llegaras.

—Pues yo no quería llegar hasta que te durmieras.

Una pareja llega a casa después de haber pasado un mes en una estación de esquí:

—Manolo, mira mi pelo, el aire de la montaña me lo ha oscurecido.

—Pues mira mi cabello totalmente blanco —responde el marido—, lo tenía negro hasta que me dieron la cuenta del hotel.

La esposa le dice al marido:

—Antes de casarnos me prometiste que no volverías a beber y que serías otro hombre.

—Y lo hice, Pepita; y lo hice. Pero es que al hombre nuevo le gusta más el vino que al anterior.

Chistes

Dichoso trabajo

«Hay que levantar la moral de los empleados... A ver, zopencos, ¿a alguno se le ocurre una buena idea?»

Con la intención de hacer creer a la gente que sus servicios son muy solicitados, un abogado recién licenciado le ordena a su secretaria que cuando llegue algún cliente a la oficina le haga esperar un buen rato. Llega un hombre y pide ver al abogado. La secretaria procede conforme a lo convenido y luego acompaña al señor hasta la oficina de su jefe, quien simula estar atendiendo por teléfono un problema muy delicado con un cliente. El señor espera pacientemente junto al escritorio y, cuando el abogado termina el simulacro telefónico, le pregunta:

—¿En qué puedo servirle?

A lo que el señor le responde:

—Vengo simplemente a conectarle el teléfono.

En una droguería, el encargado acaba de vender a un señor una bolita de naftalina. Este mismo señor, entra y sale del establecimiento durante media hora pidiendo dos, cuatro y ocho bolitas más de naftalina, consecutivamente. El encargado, pensando que está siendo objeto de una broma, le pregunta finalmente:

—Perdone, pero ¿sufre usted una plaga de polillas?

—No, yo sólo tengo una.

—¡Pero hombre, entonces con una bolita es suficiente!

A lo que el cliente, enfadado, responde:

—¡Eso será usted que tiene buena puntería!

Algunos obreros de la fábrica solían volver al trabajo mucho después de que sonara la sirena que indicaba el fin de la hora de comer. Irritado, el capataz les pidió que escribieran las soluciones que se les ocurrieran para resolver tan grave problema, y las depositaran en el buzón de sugerencias.

Al día siguiente, al abrir el buzón, el capataz sólo encontró una hoja de papel que decía: «Que haga sonar la sirena el último que llegue de comer.»

El alcalde llama a su secretario y le dice:

—Mande una nota diciendo que hay una reunión extraordinaria el próximo jueves.

—¿Cómo se escribe jueves, con b o con v?

—Mejor la dejamos para el vier... no, no, que sea para el lunes.

—¡Gutiérrez! ¿No sabe que está prohibido comer palomitas o cualquier otra cosa en el trabajo?

—No, no se preocupe, no estoy trabajando.

El director de la compañía creía que nadie sabía apreciarlo y cayó en una gran depresión. De pronto un día encontró una nota en su mesa que decía: «Agradece los problemas que te causamos. Si no fueran tan difíciles, alguien menos capaz que tú estaría en tu puesto.»

El presidente de la compañía va a hablar después de una cena pantagruélica y, muy confuso, se levanta y dice:

—Que... que... queridos amigos. Cuando venía esta noche para acá, sólo Dios y yo sabíamos lo que de corazón quería deciros... ahora, sólo lo sabe Dios.

En un bufete de abogados llega un cliente totalmente indignado y deprimido a protestar ante el letrado que le había sido asignado en sus juicios. El abogado en cuestión le dice:

—Es usted un desagradecido. Debería estar contento del veredicto que he conseguido. He logrado que le perdonen dos de las tres penas de muerte que pedía el fiscal.

—¡Joven, no sé si sabe que está terminantemente prohibido fumar mientras se trabaja!

—Pero ¿quién le ha dicho que esté trabajando, jefe?

El director le dice a su contable:

—¡Queda usted despedido! No admito que en mi oficina existan malos ejemplos.

—Pero, señor director, si yo nunca he hecho nada.

—Precisamente por eso.

Una señora de alta sociedad le pregunta muy seria a su criada:

—¿Cómo es posible, Milagros, que en esta silla haya semejante cantidad de polvo?

A lo que la criada le responde cargada de razón:

—Es natural, señora, hace quince días o más que no se ha sentado nadie en ella.

Un bibliotecario muy escrupuloso al examinar un libro recién devuelto, que estaba en condiciones deplorables, anota en la ficha correspondiente lo siguiente: «Página 61, un agujero». A continuación vuelve la página y anota: «Página 62, otro agujero».

—Mire, Fernández, me es imposible subirle el sueldo.
—Bueno pues, al menos, démelo más a menudo.

El director de un parque zoológico se encuentra en Estados Unidos en viaje de trabajo. Recibe un telegrama de su secretario que dice: «Nuestro chimpancé se aburre mucho. Es evidente que le falta un compañero. ¿Qué hacemos hasta que regrese usted?»

Un médico le dice a un abogado:
—Tendrás que reconocer que tus clientes no son angelitos.
—Pues es verdad —contesta el abogado—. Pero también es verdad que los tuyos tienen muchas probabilidades de serlo muy pronto.

Una señora entra en el ascensor de unos grandes almacenes y le dice al joven empleado:

—Todo el día aquí dentro ¿verdad?

—Sí —le responde el ascensorista.

—¿Y te cansa mucho la subida?

—No.

—Entonces ¿es la bajada lo peor?

—Tampoco.

—Pues ¿qué es lo que más te molesta?

—Las preguntas estúpidas.

Era el primer día de trabajo de un joven en un supermercado. El gerente le recibió con un cálido apretón de manos y una sonrisa. Luego le entregó una escoba y le dijo:

—Su primera tarea será barrer la tienda.

—¡Pero yo tengo un título universitario! —protestó el joven con indignación.

—Ah, perdone, no lo sabía —contestó el gerente—. Présteme la escoba y le enseñaré cómo se hace.

El director de la empresa conversa en privado con un empleado:

—Me es imposible subirle el sueldo. Yo comprendo que con sus actuales ingresos no puede casarse. Pero, créame, más adelante me lo agradecerá.

—¿Cómo vuelves tan tarde de la oficina?

—Pues nada, una broma de mis compañeros. Se han ido a las siete y no me han despertado.

El director le dice al nuevo empleado de la oficina:

—¿Te ha dicho ya el contable lo que debes hacer por la tarde?

—Sí, señor. Ante todo despertarle cuando llegue usted.

Dos empleados discuten de una mesa a otra:

—Tú eres un auténtico cretino.
—Y tú el clásico imbécil.
Entonces entra el jefe y les dice:
—¿Han olvidado que el jefe soy yo?

El jefe le dice a su nueva secretaria:
—Señorita, las pruebas que ha realizado y las referencias que presenta usted son tan buenas que, con gusto, la tomo de secretaria. Sólo hay un pequeño problema.
—Muy bien, pues dígame de qué se trata.
—Tendría que traerme una fotografía en la que salga muy desfavorecida para enseñársela a mi esposa.

El director de la empresa le dice al nuevo empleado que ha llegado tarde:

—En mi oficina, joven, exijo que se trabaje las ocho horas completas. ¡Y punto!

—Muy bien, señor. Y ¿en cuántos días?

El director del hotel le dice a la empleada:

—Señorita ¡a ver si limpiamos mejor! Aquí hay polvo de hace meses.

Entonces la empleada le contesta:

—Lo siento, señor. No es culpa mía. Soy nueva y sólo llevo aquí quince días.

—Llega usted con mucho retraso hoy, Jiménez —dice el jefe al empleado.

—Lo sé y lo siento. Me he quedado dormido.

—¡Hombre, usted es un fenómeno! O sea que además también duerme en casa.

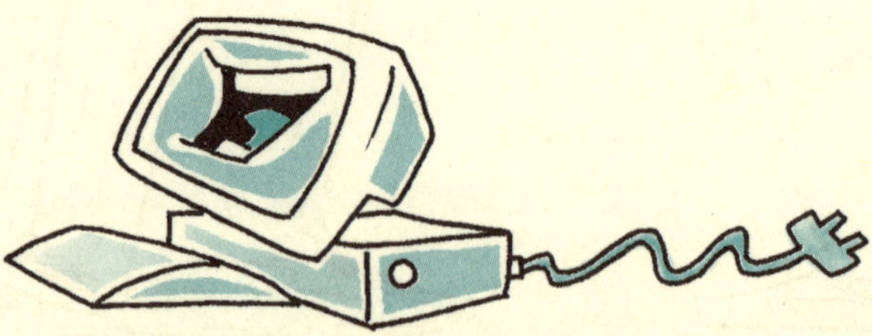

Chistes

Inolvidable Servicio Militar

Mientras la compañía está en formación...

CAPITÁN: ¡A ver, todos a fregar el patio!

SOLDADOS: Pero mi capitán, si está lloviendo.

CAPITÁN: ¡Sin protestar... poneos los impermeables!

Un soldado envía al puesto de mando el siguiente telegrama: «Se advierte al mando superior que en la localidad de Valdelillo se ha declarado un gran incendio. Mucha prisa. El abajo firmante se halla donde está ardiendo».

—Mi cabo, no cabo en la garita.

—¡Imbécil! ¡Se dice «quepo»!

—Mi quepo, no cabo en la garita...

Un piloto del escuadrón de aviación fue enviado a una misión que consistía en efectuar un vuelo bajo sobre la Bélgica ocupada durante la Segunda Guerra Mundial. La ruta que debía seguir pasaba cerca de su casa. Cuando regresó estaba emocionado porque su mujer le había visto desde el jardín y le había hecho señas con la mano. Sus amigos y compañeros le dijeron:

—¿Cómo va a reconocerte? ¿No será que tenía algún problema y pedía ayuda?

—¡Oh!, no —contestó él con aplomo— mi mujer nunca saludaría ni haría señas a alguien que no fuera su esposo.

El general Betancourt, después mariscal de Francia, cuando estaba en las campañas de Argelia, se dejó llevar por un arrebato de ira y la emprendió a latigazos con uno de sus subalternos. Éste, cegado por la ira, sacó la pistola y apretó el gatillo, pero el arma se encasquilló. Entonces el general le gritó:

—¡Soldado de pacotilla! ¡Tres días a la celda de castigo por no tener el arma en condiciones!

Un capitán está interrogando a los reclutas para asignarles el trabajo más adecuado:

—¿Tú qué hacías antes de llegar al ejército?

—Yo era mecánico.

—Muy bien. Pues a la armería.

—¿Y tú? —prosigue el capitán.

—Yo era cocinero.

—Muy bien. Pues a la cantina. ¿Y tú?

El siguiente soldado se atrancaba un poco al hablar y dice:

—Yo era ta... ta... ta...

—Magnífico —dice el capitán— tú serás un buen artillero. Lo llevas en la sangre.

Un sargento un tanto inseguro está dando explicaciones a sus soldados:

—... no olviden que el agua hierve a noventa grados.

Entonces un joven soldado se levanta y le dice:

—No, mi sargento creo que usted se equivoca.

—Tienes razón —admite el sargento sin inmutarse— el agua hierve a cien grados. Es el ángulo recto el que hierve a noventa.

Los soldados del tercer batallón de infantería van a hacer prácticas a Zaragoza. Cuando el autocar va pasando por Los Monegros el sargento advierte a un soldado que no brillaba por su inteligencia:

—Castellote, no se asome demasiado o le entrará polvo en los ojos.

A lo que responde este soldado:

—No se preocupe mi sargento, cuando saco la cabeza para mirar, cierro los ojos.

Un sargento instruye a los soldados en el patio:

—Los soldados deben colocarse siempre en fila por orden de estatura. No admitiré que cuando yo llegue no se hayan dispuesto así.

Entonces el oficial le dice:

—Pero, señor ¡si no son más que cinco!

—No importa. En orden de estatura, repito. Como si fuera sólo uno.

Buenas, quisiera alistarme para la guerra.

—No puede. Le faltan diez dientes.

—¿Es que allí hay que comerse al enemigo?

El teniente con vocación le dice galante a una señorita:

—Señorita ¿le agrada mi compañía?

—Pues la verdad es que no demasiado.

—Lo siento. En ese caso: «¡Compañía! ¡Adelante!»

El sargento acompaña a los soldados a la clase de instrucción. Al llegar a la puerta se da cuenta de que ha olvidado la llave de la sala en otro sitio. Dirigiéndose a los soldados les dice:

—Tienen que esperar un momento. He olvidado la llave. Mientras, que no entre nadie.

El sargento, que siempre presume de una gran cultura, grita a los soldados:

—¡Cuidado con echar cerillas encendidas en el suelo! Pensad en el incendio de Roma.

Un recluta harto de tanta cursilería dice:

—Y, sobre todo, no escupir en el suelo. Acordaos del diluvio universal.

Chistes

Cosas de niños

Un día llegó Carlitos muy triste de la escuela; tan triste, que no hizo caso ni a su perrito faldero. Entonces su madre se dio cuenta y le dijo:

—¿Qué te pasa hijo mío? ¿Por qué estás así?

—Es que en la escuela dicen que soy un bocón —contestó Carlitos.

—Pero hijo ¿cuántas veces te he dicho que no hagas caso a esos niños? Anda ve a recoger tu pala que vas a ponerte a comer ahora mismo.

La mamá de Sarita acaba de descubrirla en una mentira y le dice:

—A tu edad, Sarita, yo no decía mentiras.

—¿Y a qué edad empezaste, mamá?

Pedrito pregunta a su hermano mayor:

—Yo todavía no entiendo por qué los hombres hacen siempre guerras.

—Es muy sencillo —contesta su hermano— si no nosotros no podríamos estudiar historia.

Un día la mamá de Antoñito acababa de limpiar el piso de su casa y, en ese momento, llegó el niño del colegio y, gritando mucho, le dijo a su mamá:

—¡Mamá, mamá! En la escuela me dicen dientón.

A lo que la madre respondió gritando más todavía:

—Pero hijo, cierra la boca. ¡Ya me estás rayando el suelo otra vez!

Los tíos de Robertito vienen a felicitarle a casa. Después de haber pasado horas intentando elegir bien su regalo, al final se han decidido por un lote que incluye una excavadora, un camión y algunas herramientas, pues el niño demuestra una gran afición a este tipo de juegos. Al ver su carita le preguntan:

—Pero si a ti te encantan los juguetes de construcción y bricolaje. ¿Por qué pones esa cara?

Entonces Robertito contesta:

—Pero ¿y la arena?

Pedrito le dice a su amigo Rubén:

—Y entonces, en cuanto logré forjarme un sitio, tuvieron otro hijo.

Un vendedor llama a una casa y dice:
—¿Está tu mamá?
Y le responde un niño con voz muy bajita:
—Sí.
—¿Puedo hablar con ella? —le pregunta el vendedor.
—Está ocupada
—responde el niño con voz muy bajita.
—¿Está tu papá? —pregunta de nuevo el vendedor.
—Sí —responde el niño con voz muy bajita.

—¿Puedo hablar con él? —pregunta el vendedor.
—Está ocupado
—responde el niño con voz muy bajita.
—Bueno ¿hay alguien más ahí?
—dice algo enfadado el vendedor.
—Un escuadrón de bomberos
—dice el niño con voz muy bajita.
—¿Puedo hablar con uno de ellos?
—continúa el vendedor.
—Están ocupados
—responde el niño con voz muy bajita.
—Bueno y ¿hay alguien más todavía ahí?
—increpa el vendedor, cada vez con peor tono.
—Un pelotón de policía
—responde el niño con voz muy bajita.
—Y ¿podría hablar con UNO de ellos?
—contesta el vendedor.
—Están ocupados
—responde el niño con voz muy bajita.

—A ver si lo entiendo. Tu mamá, tu papá, un escuadrón de bomberos y un pelotón de policía están en tu casa y TODOS están ocupados... ¿podría saber qué están haciendo?

A lo que responde el niño con voz muy bajita:

—Me están buscando.

Pablito está con su mamá delante del escaparate de una tienda de ordenadores. Él señala con la mano a su mamá cuál es el que quiere y ella le contesta:

—¡Ay, hijo! Es el más caro. Papá tendría que trabajar más de una semana para poder comprártelo.

—Da igual —responde Pablito— puedo esperar ese tiempo.

La madre de Pablito le dice:

—Pablito, a ver si te portas bien, porque cada vez que haces una travesura me sale una cana.

—Jo mamá, cómo serías de pequeña, porque fíjate cómo tiene el pelo la abuelita...

—Mamaíta ¿por qué papá no tiene ni un pelo en la cabeza?

—Porque es muy inteligente y tiene muchas cosas en las que pensar.

—Entonces ¿tú por qué tienes esa mata de pelo tan espesa?

—¡Basta! Y cómete la sopa.

—Mamaíta ¿puedo salir a jugar con el niño de la vecina?

—No, sabes muy bien que ese niño no me gusta nada.

—Entonces ¿puedo salir a pegarme con él?

—Mamá ¿me pones otro terrón de azúcar en la leche?

—Pero, Pedrito, si ya te he puesto cuatro.

—Ya lo sé pero se han disuelto.

El señor Bermúdez, que es el gerente de un banco, ha venido a visitar a la madre de Clarita porque quiere solicitar un préstamo importante. Una vez que el señor se acomoda en un sofá, Clarita, con cara de sorpresa, pregunta a mamá:

—¿Por qué me has dicho que no hiciera observaciones sobre el pelo del señor Bermúdez, mamá? Si es totalmente calvo...

—Cristinita, tengo que salir a comprar el pan. He

dejado la leche en el fuego, así que vigila para que no se salga.

—Sí, mamá. En cuanto te vayas, cerraré la puerta y las ventanas.

☺ ☺ ☺ ☺

—¿No te he dicho que te fijaras en el momento en que hirviera la leche?

—Y me he fijado, mamá. Ha empezado a las diez y media en punto.

☺ ☺ ☺ ☺

—Abuelito ¿me llevas al cine?

—No puedo, Pedrito, me duelen mucho las muelas.

—Pero, abuelito, la película se ve con los ojos no con los dientes.

☺ ☺ ☺ ☺

Al caer la noche un niño se pierde en el bosque. De pronto choca con un cactus y grita con alegría:

—¡Mamá!

☺ ☺ ☺ ☺

—Mamaíta, mamaíta, ha faltado muy poco para que me dieran un diez.

—No importa, cariño. ¿Has sacado un nueve?

—No, un tres, pero el diez se lo han dado a Luisito que se sentaba hoy conmigo.

☺ ☺ ☺ ☺

—Papá, papá ¿cuánto cuesta casarse?

—No tengo ni idea, hijo. Depende, yo todavía no he acabado de pagar las consecuencias.

☺ ☺ ☺ ☺

La madre de Larita va con su hija de visita a casa de doña Sonsoles. De camino hacia allí le dice:

—Hoy, Larita, tienes que comportarte como una verdadera señorita.

—Vale, mamá. Entonces ¿también podré fumar?

El revisor del autobús le pregunta a un niño muy crecidito que viaja con su madre y sin billete:

—¿Tú estás seguro de que sólo tienes cuatro años?

—Segurísimo, llevo tres años diciendo lo mismo...

Juanito llega a casa después de una excursión a una granja, y su madre le pregunta:

—Dime, Juanito ¿qué has visto en el campo?

—He visto a un señor haciendo caballos.

—¿Qué dices? ¿Ya estás inventando otra vez?

—¡Que sí! Tenía uno ya casi acabado y le estaba clavando los pies.

El primer día de escuela Pedrito entra en casa gritando:

—¡Ya sé escribir! ¡Ya sé escribir!

La madre, atónita e incrédula al mismo tiempo, le dice:

—Pero ¿qué has escrito, hijo?

—No lo sé porque todavía no sé leer.

—Mamá ¿cuánto cuesta un tarrito de tinta china?

—Pues, hijo, unas cien pesetas solamente.

—Entonces no lo entiendo. Porque he derramado uno en el traje de papá y está gritando como si costara un millón.

—¿Te ha gustado el circo, Luisito?

—Sí, papá, me ha gustado mucho. Lo que no me ha gustado nada ha sido lo del lanzador de cuchillos.

—¿Por qué? Si ha estado muy emocionante.

—Ya pero a la mujer ni la ha rozado.

—¿Puede saberse por qué estás escribiendo tan despacio, Laurita?
—Porque estoy escribiendo a mi hermanito que está aprendiendo a leer y todavía va muy lento.

☺ ☺ ☺ ☺

—Papá —dice Pedrito el día que traía las notas— el año que viene deseo que ahorres dinero en mis estudios.
—Eso es estupendo, hijo. ¿Has pensado en algo especial?
—Sí, papá. He suspendido todo y tengo que repetir, así que al año que viene no tienes que comprar ni un libro.

☺ ☺ ☺ ☺

En el cine, una señora se da la vuelta y le dice al niño que estaba sentado en la butaca de atrás:
—Dime, pequeño, ¿te molesta la pluma de mi sombrero?
—Antes sí; ahora ya no porque la he cortado.

☺ ☺ ☺ ☺

Dos niños presumiendo de sus papás:
—Mi padre es mejor que el tuyo.
—Bueno, pero mi madre es mejor que la tuya.
—Creo que tienes razón porque mi papá dice lo mismo.

☺ ☺ ☺ ☺

El pequeño Luisito llega un día a la escuela muy contento diciendo a todos que a su casa ha llegado una nueva hermanita...

—¿Y cómo se llama? —le preguntan todos.

—Aún no lo sabemos porque no entendemos bien lo que dice.

Una actriz americana presenta su último marido a su hijo:

—Mira, cariño, te presento a tu nuevo papá.

—Hola, señor, encantado de conocerle. ¿Sería tan amable de firmar en mi álbum?

—Si se te aparece un hada madrina con una varita mágica y te dice que le pidas algo que deseas poseer ¿qué le pedirías?

—La varita.

—Papá, papá ¿cómo se llama cuándo un hombre tiene muchas mujeres?

—Poligamia, hijo mío.

—¿Y cuándo tiene una sola?

—Monotonía, hijo mío, monotonía.

—Cuando yo era pequeña —decía tía Verónica a su sobrinita— mi madre me decía que si seguía haciendo muecas como tú, me quedaría fea.
—Entonces, tía, no podrás decir que no te advirtieron a tiempo.

😊 😊 😊 😊

Dos niños se sientan a la mesa para la cena y uno le pregunta al otro:
—Oye, ¿tú rezas antes de comer?
A lo que el otro le responde:
—No, porque mi mamá cocina muy bien...

😊 😊 😊 😊

—Estoy harto —dice Luisito a Pablito—. Mi papá es malo. Todos los años me engaña diciéndome que me va a comprar una bicicleta y luego no me la compra.
—Pues el mío es muy bueno —contesta Luisito—. Ayer me dijo que el día 31 de junio, según caigan las primeras nieves, me comprará una.

😊 😊 😊 😊

—Hola —dice un niño al entrar a una tienda de fotografía—, quería doce fotos de carnet.
—¿Doce fotos? —contesta el dependiente—. No te vale con seis ¿por ejemplo?
—Sí, para mí sí, pero necesito otras seis para mi hermano gemelo.

😊 😊 😊 😊

—¿Es cierto que de mayor quieres ser guardia urbano?

—Sí pero me preocupa mucho la opinión de mi madre.

—¿Por qué? Ser guardia urbano es una gran profesión.

—Sí, pero la obsesión de mi madre es que no esté en medio de la calle.

☺ ☺ ☺ ☺

Pepito le cuenta a su amiguito:

—El día que mi hermana se casó, mi madre sufrió una terrible mutación.

—¿Se convirtió en un marciano verde?

—No, peor todavía, se convirtió en suegra.

☺ ☺ ☺ ☺

Un niño escribe la carta a los Reyes Magos y les pide 3.000 pesetas para comprarse unos zapatos de invierno. En la oficina de correos se conmueven al leer la carta. Entonces hacen una colecta y le mandan al niño otra carta con 1.000 pesetas. Al cabo de unos días, reciben otra carta para los Reyes Magos del mismo niño que dice: «Queridos Reyes Magos, muchas gracias por el dinero. La próxima vez no lo mandéis por correo porque algún cartero desgraciado se ha quedado con 2.000 pelas».

☺ ☺ ☺ ☺

—Un niño se acerca a una señora y le dice:

—Por favor, señora, déme una limosnita para mi padre que no ve...

—Pero ¿dónde está tu papá ahora?

—Está en casa leyendo el periódico.

—Por favor, niño, ¿podrías indicarme el camino más corto para ir a la escuela?

—Lo siento, señor. Lo ignoro. Yo siempre sigo el más largo.

—Mamá ¿es verdad que a tía Antoñita le han puesto teléfono?

—Sí, es verdad.

—Entonces voy a llamarla en seguida.

—¿Para qué?

—Para que nos dé el número.

—¿Cuántos años tienes?

—Diez ¿y tú?

—Yo también. Bueno, en realidad son once pero como estuve enfermo un año...

Un niño le pregunta a su papá:

—Papá ¿qué es el eco?

—El eco, hijo mío, es el único que se atreve a contestar a tu madre cuando se enfada.

☺ ☺ ☺ ☺

Durante la misa, el domingo por la mañana, Pedrito estaba ya algo inquieto y nervioso, no paraba de moverse, hasta que su madre le dijo al oído:

—Pedrito ¿quieres estarte quieto de una vez?

—Es que me aburro.

—El sacerdote está explicando cómo se va al Paraíso.

—Pero, mamá, si hoy no vamos a ir...

☺ ☺ ☺ ☺

Una niña le pregunta a su madre:

—Mamá, ¿de dónde salen los bebés? ¿Cómo nací yo?

—Hija, yo fui un día al jardín, corte la flor más bonita, la puse en una cajita de cartón y la guardé en el cajón de mi habitación. Esperé nueve meses y cuando abrí el cajón estabas tú, cariño.

Entonces la niña le dice:

—¡Ah! Pues yo voy a hacer lo mismo porque quiero tener un bebé.

Al pasar los nueve meses le dice a la madre:

—Mamá, ya han pasado nueve meses, voy a buscar a mi bebé.

La niña va a su habitación, abre el cajón y cuando coge la cajita sale una cucaracha. La niña con ojos de espanto le dice:

—¡Si no fueras hija mía... te mataba!

—¡Mamá! ¡Mamá! ¡Que las lentejas se están pegando!
—Pues déjalas que se maten.

☺ ☺ ☺ ☺

—Mamá ¿verdad que sólo una manzana podrida puede estropear todas las demás?
—Claro que sí, hijo.
—Entonces, mamá, ¿he hecho bien comiéndome las doce que estaban buenas y dejando la mala en el frutero?

☺ ☺ ☺ ☺

—Luisito ¿qué te han traído los Reyes?
—No me lo recuerdes, por favor.
—¿Por qué? ¿No te ha gustado?
—Es que para que me trajeran más cosas colgué del árbol unos pantys de mi hermana y me han dejado una caja de polvos, una barrita de labios, dos botellitas de esmalte de uñas, un pasador para el pelo, un bote de laca...

☺ ☺ ☺ ☺

Ding, dong. Llaman a la puerta y Pablito va a abrir:—¿Quién era? —le pregunta su padre.
—Nada, tranquilo papá, era un marciano —contesta el niño.
—¿Y tú cómo sabes que era un marciano?
—Pues porque ha dicho que venía del «Planeta Agostini».

☺ ☺ ☺ ☺

Un niño llega a casa y le dice a su papá:

—¡Papá, papá! Yo quiero chorizo.

—No, hijo —contesta el padre—, que pica.

—Es igual, yo lo cojo por la cuerda.

La mamá de Pepito le dice:

—¡Pepito, aléjate de la jaula del león!

—No te preocupes, mamá, que no le voy a hacer nada.

—Mamá, mamá, dice la profesora que siempre estoy despistado.
—Pero ¡otra vez, Nicolasito! Venga, cálzate y vete para tu casa...

—Señor cura, dentro de poco mi papá va a matar al cerdo y me ha dicho que le preguntara si aceptaría usted un trozo de jamón.

—Con mucho gusto, Luisito. Y dale a tu padre las gracias de mi parte.

Algunos días después el señor cura se encuentra a Luisito y le dice:

—Luisito ¿ha matado ya tu papá al cerdito?

—No, porque ahora se ha curado.

☺ ☺ ☺ ☺

—¡Mamá, mamá! En el colegio me llaman despistado...

—«Su tabaco, gracias».

☺ ☺ ☺ ☺

—Abuelo ¿verdad que con los pocos dientes que te quedan no puedes comer cosas duras?

—Sí, por desgracia es así.

—Bueno, pues entonces ¿puedes guardarme hasta mañana este trozo de turrón de almendras?

☺ ☺ ☺ ☺

A la pequeña Marisa su mamá siempre la dejaba vigilando lo que ponía al fuego. Un día Marisa, después de contemplar un rato una vela que vio encendida en casa, gritaba:

—¡Mamá, mamá, corre! La vela está perdiendo todo el jugo.

☺ ☺ ☺ ☺

—Mamá, hoy la maestra nos ha explicado que, cuando morimos, nos convertimos en polvo. Y yo me he reído mucho.

—Pues no debes reírte porque eso es cierto, Pedrito.

—Es que luego me ha preguntado que por qué me reía tanto y le he dicho que, si eso fuera verdad, en mi casa tendríamos un cementerio debajo de la cama de mis padres.

☺ ☺ ☺ ☺

El hijo de un ferroviario vuelve a casa después de su primer día en el colegio, y la madre le pregunta:

—¿Qué te ha parecido la escuela?

—Muy mal, mamá.

—¿Por qué, hijo?

—Porque todos son muy mentirosos. En la puerta ponía «Primera clase» y, sin embargo, todos los asientos eran de madera.

☺ ☺ ☺ ☺

—Mamá ¿le has pedido a papá que me compre la bicicleta?

—Sí, muchas veces, Luisito; pero es inútil, no quiere.

—Mamá ¿has probado con los ataques de nervios, como cuando el abrigo de pieles?

☺ ☺ ☺ ☺

—¿Te acuerdas, mamá, del jarrón chino de porcelana que se transmitía de generación en generación en nuestra familia?

—Desde luego —contesta la madre— ¿Por qué?

—Porque mi generación lo acaba de romper.

☺ ☺ ☺ ☺

Un padre reprende a su hijo por las malas notas

que ha traído y le dice:
—George Washington cuando tenía tu edad era el primero de la clase.
—Sí —contesta el hijo— y a la tuya era presidente de los Estados Unidos.

Un señor ve que un niño mayor pega a otro más pequeño. Corre hacia ellos y lo agarra del brazo con ímpetu, diciéndole:
—¿No te da vergüenza? A los más pequeños no se les toca porque es abusar de ellos.
—Entonces haga el favor de soltarme, señor abusón.

Una niña iba por la calle y le preguntó a un señor:
—Oiga, ¿cuánto me queda hasta el metro?
A lo que el señor le contestó:
—Pues unos diez centímetros, pequeña.

Pedrito llega a casa y le dice muy contento a su padre:

—Papá, hoy ya he hecho una buena acción.

—Muy bien hijo. ¿Y qué has hecho?

—Es que vengo de pasear por la estación con Nerón y he visto al señor Mateo que iba corriendo con la lengua fuera para no perder el tren.

—Ya, pero ¿cuál es tu buena acción?

—Pues que he soltado al perro y el señor Mateo ha llegado a tiempo.

Un niño le dice a su abuelito mientras éste cabecea en una butaca:

—Abuelo, si me haces el problema de fracciones, yo te explicaré lo que es la barrera del sonido...

—Mamá, Bambi es un perro muy malo. Se ha comido los zapatitos de mi muñeca.

—Sí, hija, es muy malo —contesta la madre para consolarla—, y merece ser castigado.

—No, si ya lo he castigado yo, mamá. He ido a la cocina y me he bebido toda la leche de su platito.

Pablito va a la tienda a comprar un dentífrico y la tendera le dice:

—¿Qué marca prefieres? Éste refuerza las encías, éste perfuma el aliento, éste facilita la digestión, éste tiene premio, con éste entras en un concurso, éste regala una bañera...

—Perdone... ¿no tendría alguno que limpiara los dientes?

Jaimito le dice a su amigo cuando vuelven del colegio:

—Mi padre hoy me dará un gran abrazo. ¡Menuda alegría para él!

—¿Por qué? Si has suspendido todo...

—Por eso. Es que él se apostó con un amigo que me suspenderían y ha ganado.

☺ ☺ ☺ ☺

Simoncito, con aire de importancia, le dice a su amigo:

—¿Sabes? Mi mamá dice siempre que soy un niño muy inteligente porque a los diez meses ya sabía andar solo.

—¿Y a eso le llamas tú ser inteligente? A los siete años yo todavía hacía que me llevaran en brazos.

Pedrito va a hacer la compra...

—Déme un kilo de leche.

—Pero ¡niño! ¿no te han enseñado que la leche no se mide por kilos?

—Bueno, pues déme un metro de leche.

☺ ☺ ☺ ☺

—Mamá, el tío me regala mil pesetas por cada buena nota que obtengo.

—¿Sí, hijo? ¿Y cuánto has ganado?

—Le debo mil quinientas.

☺ ☺ ☺ ☺

—Pedrito, ¿has sido bueno hoy en la escuela?

—Sí, mamá. Detrás de la pizarra está tan estrecho que no puedo ni moverme.

☺ ☺ ☺ ☺

—Papá ¿tú eres un pájaro?
—No, hijo. ¿Por qué dices semejante tontería?
—Porque ayer oí a mamá decir que te iba a cortar las alas.

Toñín encuentra a Carlitos con un tarro de mermelada y le dice:
—¿De quién es esa mermelada?
Y Carlitos responde:
—La mitad de mi hermano y la mitad mía.
—Pues dame un poco de tu mitad.
—No puedo, porque la mía es la de abajo.

—Hace diez años que mi padre no se corta el pelo —le dice Andresito a su amigo.

—¿Es artista?

—No. Es calvo.

—Papá ¿por qué no me haces una foto mientras estudio?

—¿Mientras estudias? Tendre que hacerte una instantánea.

Carlitos, que es un niño muy precavido, le pregunta a su mamá:

—Mamá, ¿qué le enseñamos a papá primero: tu vestido nuevo, mis notas o el golpe en el guardabarros?

—Mi padre conoce cinco lenguas.

—Pues mi padre, miles.

—Mentira. Eso es imposible.

—Vaya, mi padre es médico...

—Pedrito ¿por qué no comes el pan?

—Porque me da asco.

—Pero, niño ¿por qué dices esa tontería?

—La maestra dice que el pan que comemos en casa está mojado del sudor de papá.

—Papá ¿cuánto cuesta el kilo de niños?

—Hijo mío, por favor, los niños no se venden.

—Entonces ¿por qué esa obsesión de pesarlos a todos tanto cuando son pequeños?

A casa de Jaimito llega una de sus tías de visita. Mientras están merendando, el niño le dice a su tía:

—Jo, tía, si es que eres tonta.

Entonces su madre le regaña.

—¡Niño! ¡Pero cómo le dices eso a tu tía! ¡Dile ahora mismo que lo sientes!

—Está bien... Tía, siento mucho que seas tan tonta.

Imagínate que quien te cuenta lo siguiente está moviendo los brazos a modo de aspa y completa una vuelta más bien lento:

—Mamáaaaaa..., papá-aaaaa..., abueliitoooo..., sacadme de la lavado-raaaaa...

Un tipo va en el coche con su hija cuando tiene un accidente y otro tipo le rompe un faro. Cuando el padre se va a bajar del coche, la niña le pregunta:

—¿Dónde vas, papá?

—A pedirle el nombre a ese señor.

Al cabo de un rato, el padre se vuelve a meter en el coche y la hija le pregunta:

—Y ahora ¿cómo te llamas?

Jaimito va al comedor donde sus padres están charlando con una visita y dice gritando:

—Mamá, ¡quiero hacer caca!

La madre, cortadísima, se lo lleva al cuarto de baño y le dice:

—Mira, Jaimito, la próxima vez que quieras hacer caca, di que quieres silbar, ¿de acuerdo?

—Sí, mamá...

Esa misma noche, Jaimito se levanta y va al dormitorio de sus padres, que están dormidos. Tras achuchar un poco a la madre, le dice:

—Mamá, mamá, que quiero silbar...

Y la madre, todavía sin despertarse del todo, le contesta:

—Bueno, pues sílbale a tu padre en la oreja...

—Mamá, mamá, ¿puedo ver la tele?
—Vale hijo, vela todo lo que quieras, pero no la enciendas, ¿eh?

☺ ☺ ☺ ☺

Pedrito se detiene ante una señora muy voluminosa y se queda mirándola con los ojos muy abiertos. Entonces la señora le dice:

—¿Qué? ¿No has visto nunca una señora como yo?

—Sí —responde Pedrito— pero gratis no.

☺ ☺ ☺ ☺

Dos niños van a pasar unos días a casa de su abuelita. Por la noche, antes de acostarse, dicen sus oraciones. Entonces uno de ellos, el más pequeño, exclama:

—¡Señor, acuérdate de traerme el barco de vapor para la bañera; mañana es mi cumpleaños!

El hermano mayor le dice:

—Pero ¿por qué gritas tanto? El Señor no está sordo.

—El Señor no, pero la abuela sí.

—Mamá, mamá, el termómetro ha bajado.
—¿Cuánto, hijo?
—Dos metros, es que se ha caído al suelo y se ha hecho añicos.

—Mamá, mamá, pipí.
Y le adelantó.

—Mamá, mamá, ¿cuál es la definición de amnesia?
—¿Qué me has preguntado?

—Mamá, mamá, ¿cuál es la definicion de apatía?
—Qué más da.

—Mamá, mamá, pan.
Y la mató.

—Mamá, mamá, ¿cuál es la definición de engreído?
—Vaya, me alegro de que me hagas esa pregunta, porque soy la mejor persona para reponderla.

—Mamá, mamá, ¿cuál es la definición de evasivo?
—Anda, vete a hacer los deberes.

—Mamá, mamá, ¿cuál es la definición de flatulencia?
—Esta pregunta me huele mal...

—Mamá, mamá, ¿cuál es la definición de ignorancia?
—No sé.

—Mamá, mamá, ¿cuál es la definición de paranoico?
—Probablemente crees que no lo sé y me quieres pillar, ¿no?

—Mamá, mamá, ¿cuál es la definición de hostilidad?
—Una pregunta más y te mato, ¿me oyes, enano?

Dos niños presumiendo:
—Pues yo tengo un tío que es médico. Me sale gratis ponerme enfermo.
—Pues yo tengo un tío que es cura. Me sale gratis ser bueno.

Tres niños presumiendo de sus padres:
—Mi padre es tan rápido que puede disparar una flecha, echar a correr, y cogerla en el aire con la mano.
—Eso no es nada, mi padre es tan rápido que puede disparar una bala, echar a correr, y cogerla luego en el aire con los dientes.
—Bah, eso no es nada. Mi padre es un burócrata; es tan rápido, que sale de su oficina a las 4.30 y está en casa a las 3.45.

—Mamá ¡qué rizos tan preciosos tienes!
—No son rizos, hija, son ondas.
—Entonces tu cabeza y la de papá son como el mar.
—¿Qué quieres decir, Paulita?
—Sí, que la tuya son las ondas y la de papá la playa...

—Mi papá y yo profesamos la religión sij —contaba Samuelito a sus amigos— y, como todo el tiempo llevamos puesto el turbante tradicional, la gente a menudo nos hace preguntas y comentarios curiosos. Un día en un restaurante, una niña se pasó un rato mirando a mi papá muy asombrada. Al final se armó de valor y le preguntó: «¿Es usted un genio?».

La madre de la niña se sonrojó y nos ofreció disculpas, pero mi padre lo tomó con humor y le siguió la corriente a la pequeña. «Sí, soy un genio» —contestó mi padre— «y puedo concederte tres deseos». Entonces, la madre de la niña, con cara de estupefacción, dijo: «¿De verdad?».

Niños, todos a la sala de máquinas... y máquinas tuvo que dormir fuera.

Niños, dejad de jugar con fuego... y fuego jugó solo.

Niños, comeos el bocata de tortilla... y tortilla se quedó sin bocata.

Dos madres hablan de sus respectivos hijos:

—¡Tengo un hijo más tonto!

—¡Pues anda que yo!

Los dos hijos se acercan y dice la primera:

—Anda, Marianico, vete a casa a ver si estoy.

Y el niño se va. Y dice la segunda madre:

—Anda Santiago, toma esta peseta y cómprame una T.V. en color.

En el camino, se encuentran los dos hijos:

—¡Tengo una madre más tonta!

—¡Pues anda que yo!

—Fíjate, la mía me manda ir a casa a ver si está y no me da la llave.

—Pues la mía me da una peseta para comprar una T.V. en color, y no me dice de qué color la quiere.

Es evidente, no cabe duda... y duda tuvo que ir andando.

Se encuentran dos niños, uno de los cuales lleva un perro. El otro pregunta:

—¿Como se llama el perro?

—Se llama Guau Guau.

—Y, ¿por qué ese nombre tan raro?

—Yo se lo pregunté y me dijo que se llamaba así.

Chistes

En el colegio

Dos niños en el cole:

—Pues mi familia está enfadada conmigo porque me gustan los bocatas.

—¿Por qué? A mí también me gustan.

—¿Ah, sí? ¿Quieres ver mi coleccion? ¡Tengo más de setecientos en casa!

La maestra dibuja un huevo en la pizarra. Después se vuelve y pregunta a los alumnos:

—¿Quién pone el huevo?

—¡Usted, señora maestra! —contestan todos los niños.

El maestro le pregunta un día a Felipito:

—¿Cómo suena la «m» con la «a»?

Y el alumno le dice:

—MA.

El maestro repite la misma pregunta, por lo que Felipito contesta:

—MA.

Y el maestro le dice:

—Y si le colocamos la tilde ¿cómo suena?

A lo que Felipito contesta:

—MATILDE.

La profesora pregunta en clase a Pedrito:

—A ver, Pedrito ¿recuerdas algún campo de batalla famoso?

—Sí, señorita, el Bernabéu.

La maestra el primer día de clase le pregunta a Carlitos:

—A ver, chiquitín, ¿qué hace tu mamá?

—La comida.

—¿Y tu papá?

—Se la come.

—¿Qué le dijo un libro al diccionario?

—Yo soy de pocas palabras.

—¿Y qué contestó el diccionario?

—En cambio a mi hasta me sobran palabrotas.

—¿Cuál es el descubrimiento de Leonardo da Vinci que más se acerca a nuestros tiempos? —pregunta el profesor.

—El último, profesor, el último.

—Pedrito, ¿cuántas Cruzadas se hicieron?
—Ocho —responde Pedrito.
—Muy bien. ¿Y cuál de ellas fue la última?
—La octava.

El maestro le dice a Pedrito:
—Mira qué cantidad de errores he tenido que corregirte en el dictado. ¿Qué nota tengo que ponerte ahora?
—Pues un diez —contesta Pedrito.
—¿Cómo un diez? Además eres un descarado.
—Me ha dicho que qué nota tiene que poner ahora, y ahora no hay ningún error.

—A ver, Jaimito, ¿cómo se llaman los que han nacido en Jaén?
—¿Todos?

—A ver, niños, contestad: ¿Existió Homero?
—No —contesta Pedrito.
—Entonces ¿quién creéis que escribió *La Ilíada* y *La Odisea*?
—Alguno de sus hijos.

—¿Quién era Tito?
—El hijo de Vespasiano —responden los niños.
—¿Y Vespasiano?
—El padre de Tito.

Un día en clase de Lenguaje
la maestra pregunta a los niños:
—¿Qué es un suéter?
Y Pedrito en seguida contesta:
—Es una prenda de vestir que se pone a los niños
cuando la mamá tiene frío.

—Señor profesor, Pablito me ha mandado al diablo.
—Bueno ¿y qué has hecho tú?
—Pues nada. He venido a verle a usted.

—¿Cuál es el principio de Arquímedes?

—La «A», señor maestro.

☺ ☺ ☺ ☺

—¡Silencio! —grita el maestro a sus alumnos—. Cada vez que abro la boca hay un imbécil que habla.

☺ ☺ ☺ ☺

—Carlitos, conjuga el verbo andar.

—Yo, yo... yo ando... tú... esto... tú andas...

—¡Más deprisa!

—Él corre, nosotros corremos, ellos corren.

☺ ☺ ☺ ☺

A Jaimito ese día le iban a preguntar la tabla de multiplicar, así que decidió hacer una chuleta y cosérsela en el cuello de la camiseta. Llega a clase y la profesora le pregunta:

—Jaimito, dime la tabla del siete.

—Sí, señorita —contesta mirándose el cuello de la camiseta con disimulo— siete por una es siete, siete por dos son catorce... cien por cien es algodón...

☺ ☺ ☺ ☺

Maestra: ¡¡¡Pepito, tira el chicle inmediatamente!!!

Pepito: Pero profesora, el chicle me ayuda a relajarme.

Maestra: ¡¡¡¡¡¡que lo tires!!!!!! ¡¡¡¡¡¡que lo tireeeeees!!!!!!

Pepito: ¿Y no será mejor que se lo regale?

☺ ☺ ☺ ☺

—¿Cuál es el intercambio cultural más frecuente entre España y Argentina?

Pedrito contesta enseguida:

—El de los jugadores de fútbol, maestro.

☺ ☺ ☺ ☺

La maestra le pregunta a Jaimito:

—¿Cómo mató David a Goliat?

—Con una moto.

—¿Con una moto? Será con una honda.

—¡Ah! Pero no me dijo que dijera la marca.

☺ ☺ ☺ ☺

En la clase de conocimiento del medio la maestra pregunta:

—A ver, Josito, ¿qué fruta da el peral?

—La pera.

—Muy bien. ¿Y el melocotonero?

—El melocotón.

—Muy bien. A ver tú, Jaimito, ¿y el cedro? ¿da alguna fruta el cedro?

—Sí señorita. El «trocino».

☺ ☺ ☺ ☺

—¿Qué le dijo el cuaderno de lengua al de civismo?

—¡En un dos por tres me lleno!

☺ ☺ ☺ ☺

—¿Qué le dijo el compás a los cartabones?

—Vamos a dar una vueltecita por la hoja

☺ ☺ ☺ ☺

El profesor de Pepito dice:

—Escribid para mañana una redacción que tenga alguna onomatopeya.

Al día siguiente el primero de la clase dice:

—Vi un perro y dijo ¡guau, guau!

Otro dice:

—El coche de mi papá hace ¡rum, rum!

Y Pepito, que no entendía una palabra y no sabía qué era una onomatopeya dice:

—Yo iba por la calle, vi un camión y grité: «¡Oh no, *m'a topeya*!».

Era una niña tan animosa, tan animosa, que se compró libros, cuadernos, lápices y mochila para ir a la escuela, y solo hacía dos meses que había nacido.

Dos niños salen del colegio y uno le dice al otro:
—¿Qué tal el examen?
—Bah, muy mal, lo he dejado en blanco.
—¡Ostras! Yo también, a ver si van a pensar que hemos copiado...

En clase de Religión, la maestra les dice a los niños:

—Ya os he explicado cómo fueron creados el primer hombre y la primera mujer. ¿Tenéis alguna pregunta?

Y el curioso de Pedrito contesta:

—Es que eso ya nos lo han explicado muchas veces. Lo que nos gustaría saber es cómo se creó el tercer ser humano...

La mamá de Jesusín se queja al maestro de que su hijo no quiere llevar los cerdos a pastar. El maestro, sorprendido, le dice:

—Pero ¿qué tengo yo que ver con ello?

—Es culpa suya, señor maestro —contesta la mamá de Jesusín.

—Pero, señora, yo enseño a Jesusín buenos modales y buena conducta no le digo lo que tiene que hacer con los cerdos de su familia.

—Lo primero es que no insulte —responde ya malhumorada la señora— y lo segundo es que usted se pasa el día entero diciéndoles a los niños: «Dime con quién andas y te diré quién eres».

En el colegio el profesor pregunta a los alumnos:

—¿Qué es un fraude?

Entonces Jaimito responde:

—Fraude es, por ejemplo, que usted me suspenda.

—¿Cómo? —responde

enojado el profesor.

—Sí, el fraude se produce cuando uno se aprovecha de la ignorancia de otro para perjudicarle.

El maestro pregunta a Pedrito:

—Vamos a ver, Pedrito, nuestra aula ¿está situada hacia el mediodía o hacia el norte?

—Hacia el mediodía.

—¿Por qué hacia el mediodía?

—Porque enfrente está el comedor.

—Pedrito, dime el nombre de tres cuadrúpedos —pregunta el maestro.

—El perro, el gato y dos gallinas.

El maestro pregunta a Pablito:

—¿Con cuántos ceros se escribe un millón?

—Con seis —responde Pablito.

—Muy bien. ¿Y medio millón?

—Con tres.

La maestra pregunta al niño más bajito de la clase:

—Y dime, Juanito, ¿qué serás cuando seas mayor?

—Juanón, maestra.

En el cole:

—Señorita, señorita, que no tengo goma...

—¡Pues la pintas!

—Y si me sale mal ¿con qué borro?

El maestro les dice a los alumnos:

—El examen final es el próximo lunes. Únicamente os queda esta semana para estudiar. Es más, el examen ya está en manos del impresor. ¿Alguna pregunta?

—¿Cuántas preguntas tendrá la prueba? —dice un alumno.

—¿Tendremos que acertar todas las respuestas? —pregunta otro.

—¿Quién es el impresor? —pregunta un tercero.

Señora —dijo el maestro— tenemos que hablar seriamente de su hijo Pepito.

—¿Es grave?

—No, ¡¡¡es burro!!!

La maestra le dice a Juanito:

—Juanito, ¡te he dicho mil veces que la palabra invierno no se acentúa!

—Pues mire, maestra, hoy mismo he escuchado en la radio que a partir de hoy el invierno comenzaba a acentuarse...

—Jaimito, ¿quiénes son los reyes godos?

—Isabel y Fernando, señorita.

—Y entonces ¿los Reyes Católicos?

—Melchor, Gaspar y Baltasar.

—Y entonces ¿los Reyes Magos?

—Los padres, señorita, los padres....

☺ ☺ ☺ ☺

En el cole, el profe les está contando un cuento a los niños para que salgan abrigados a jugar con la nieve.

—Pues yo tenía un hermanito que un día se fue a jugar a la nieve con su trineo sin abrigarse. Cogió una neumonía y al cabo de tres días se había muerto.

Se hace un profundo silencio en clase, y luego Jaimito pregunta:

—¿Y dónde dejó el trineo?

☺ ☺ ☺ ☺

En el cole hay un niño con cara de enfadado, y la profe le dice:

—Jaimito, ¿qué te pasa?

—Que este boli no pinta.

—Bueno, prueba a darle aliento.

El niño se acerca el boli a la boca y se pone a gritar:

—¡Boli! ¡boli! ¡ra, ra, ra!

☺ ☺ ☺ ☺

En una escuela en la edad de piedra están haciendo un dictado.

—Y entonces los del clan del valle de al lado nos atacaron...

Los alumnos están tallando la piedra a toda velocidad.

—... pero nuestros valerosos guerreros...

—Profesor, profesor, ¿«valerosos» se escribe

con dos huevos o con tres?

☺ ☺ ☺ ☺

En clase:

—Pedrito, dime qué pasa si echamos una piedra en el agua.

—Se hunde, señorita.

—Anita, ¿qué pasa si echamos un trozo de corcho en el agua?

—Flota, señorita.

—Jaimito, ¿qué pasa si echamos un palo en el agua?

—Pues bueno, pero tendrá que ser rápido porque dentro de 20 minutos tengo clase de historia.

☺ ☺ ☺ ☺

En el colegio, en tercero de primaria, en la clase de Jaimito:

—A ver, Carmencita, dime una cosa que sea transparente y que huela mal.

Carmencita, que es la empollona de la clase, dice rápidamente:

—El amoniaco

—Ahora, Jaimito, lo mismo pero que huela bien.

(Todos le soplan: «¡La colonia!», pero él está en la luna).

—Puesss, el amoniaco.

—¿Que el amoniaco huele bien? Ven aquí, Jaimito.

La *seño* coge un frasco de amoniaco y él mete la nariz dentro. Jaimito se aparta, asfixiado y, tartamudeando dice:

—Pues, a... a mí me... me gusta, señorita.

☺ ☺ ☺ ☺

El niño sale de la clase de Historia y al llegar a casa le pregunta a su padre:

—Papá, papá, ¿cómo podía saber la reina Isabel que estaba embarazada?

Antes de que el padre responda, va la hermanita y dice:

—Porque lo leyó en los periódicos, tonto.

☺ ☺ ☺ ☺

La profesora reparte las notas, y Jaimito protesta:

—Pero bueno, ¿por qué me suspende a mí y le pone un sobresaliente a mi compañero, si los dos tuvimos nueve preguntas iguales en el examen?

—Sí, Jaimito, la diferencia está en que tu compañero contestó en la décima pregunta «no sé», y tu pusiste «yo tampoco».

☺ ☺ ☺ ☺

—Jaimito, dame un ejemplo de dilatación debida al calor.

—Hummm... en verano los días son más largos.

☺ ☺ ☺ ☺

El compañero de Jaimito se ha quedado dormido, y el profesor le dice:

—Jaimito, despierta a tu compañero.

—Anda ya, usted le ha dormido, usted le despierta...

☺ ☺ ☺ ☺

El profe:

—Jaimito, ¿cuántos son 2+3?

Raudo y veloz contesta Jaimito:

—¡¡¡¡¡CUATRO!!!!!

—¡¡¡¡¿¿¿Cuatro???!!!! —pregunta el profesor.

—Pero bueno... ¿Usted qué quiere?... ¿velocidad o precisión?

A Jaimito le pregunta el profesor:

—Jaimito, dime, ¿qué es un tren?

Y le responde:

—Una cosa muy larga y con pelos.

El profesor extrañado le dice:

—¿Y cómo es eso?

Y Jaimito responde:

—Es que mi madre dice siempre que coge el tren por los pelos...

En el colegio de Jaimito había un cura al que le gustaba hacer alguna pregunta de religión a los niños que se iban a confesar, para que además de confesarse aprendiesen algo. Un día va Jaimito con un amigo suyo a confesarse, y el cura le dice:

—Oye, Jaimito ¿tú sabes dónde está Dios?

Entonces Jaimito se levanta, echa a correr, y al pasar al lado de su amigo le dice:

—Oye, vámonos, que el confesor ha perdido a Dios y le quiere echar la culpa a alguien...

—Mamá, mamá, en el cole me llaman mentiroso.

—Cállate, hijo, ¡si tú no vas al cole!

—Jaimito, ¿cuál es el índice de mortalidad en Ghana?
—Humm... ¿una muerte por persona?

El profesor les dice a los alumnos en
el laboratorio de química:
—Voy a introducir mi anillo de oro en esta disolución.
¿Creen ustedes que se disolverá?
—No, señor —responden todos los alumnos al unísono.
—¿Por qué están tan seguros?
—Porque si no, no lo metería.

Un niño es llevado a la dirección de la escuela y el director pregunta:

—A ver, contesta: ¿Por qué le pegaste a tu compañero con el cuaderno?

—Porque la mochila pesaba mucho.

—Mamá, mamá, en el colegio me llaman rumbero.

—¡Caramba!

—(Dando palmas y cantando) Caramba, carambita...

—Mamá, mamá, en el colegio me llaman mono.

—No les hagas ni caso y péinate la cara.

—Mamá, mamá, en el colegio me llaman hijo de vaca.

—Muuurmuraciones, hijo, Muuuurmuraciones.

—Mamá, en el colegio nadie quiere hablar conmigo. Mamá, ¿adónde te vas? ¡Mamá! ¡Mamá!, ¡vuelve!

—Mamá, mamá, en el colegio me llaman esquizofrénico.

—No te preocupes, hijo, eso son cosas de los niños, ya sabes, la edad...

—¡¡¡¡¡¡ESO NO ESSS UNA RRRESPUESSSTAAAAAAAA!!!!!!

En la escuela, la maestra dice a los niños que, para el día de la madre, traigan una redacción sobre este tema, hablando de sus mamás, y terminando con la frase "Madre no hay más que una". Al día siguiente, le pregunta a Pepito por su redacción, y la lee delante de todos:

—Pues yo estaba con mi bicicleta, y corría mucho; entonces me caí y me hice pupa, pero vino mi mamá y me curó, y me dio unos besitos porque me quiere mucho. ¡Y es que madre no hay más que una!

—Muy bien, Pepito. Ahora leela tú, Luisito.

—Yo estaba jugando con los amigos, me subí a un árbol y me caí. Pero vino mi mamá, me curó, me dio 5 duros para caramelos porque me quiere mucho. Madre no hay más que una.

—Muy bien, muy bien. Ahora leela tú, Jaimito. Y Jaimito dice:

—¡Bueno, pues mi madre estaba con sus amigas en casa, jugando a las cartas y me dice: ¡Jaimito, ve a la nevera y traeme cuatro cervezas bien frescas! Y en eso, que yo abro la nevera y le digo. ¡MADRE, NO HAY MÁS QUE UNA!

Un niño hablaba mucho en clase.

—Escucha, como no te calles voy a llamar a tu madre.

—¡Uy profesor, ella habla más que yo!

El profesor pregunta a sus alumnos, niños de ciudad:
—¿Cómo se llama el animal que cambia constantemente de color?
A lo que responden todos:
—¡Semáforo!

Una señora fue a ver al profesor de su hijo para saber por qué había suspendido. El profesor le dijo que su hijo había copiado de un compañero. La madre le preguntó:

—¿Y no puede ser que el compañero copiara de mi hijo?

—No, señora. Yo mandé hacer tres temas. En los dos primeros contestaron exactamente lo mismo, y en el tercero, el compañero de su hijo contestó: «No lo sé», y su hijo puso: «Yo tampoco».

La maestra pregunta al niño más listo:
—Dime, Pablo, ¿cómo murió Cristóbal Colón?
—¡Hecho pedazos, maestra!
—¿Dónde leíste esa tontería?
—Mi libro lo dice: "Cristóbal Colón, su vida en 20 partes".

—Mamá, mamá, en mi colegio me llaman cabezón.
—No les hagas caso, hijo. Coge la gorra y vete a por diez kilos de patatas.

El maestro dice a los niños:
—Este es el siglo de los adelantos.
—Entonces, ¿por qué en el colegio no nos adelantan las vacaciones?

Un maestro pregunta a un alumno:
—Dime, ¿cómo demuestras que la tierra es redonda?
—Yo no lo puedo demostrar, fue usted quien lo dijo.

La maestra pregunta a Pedrito:
—¿Por qué es famoso Colón?
—Por su memoria.
—¿Por qué dices eso?
—Porque en su monumento pone: «A la memoria de Colón».

—Papá, ¿te acuerdas de
que me dijiste que una vez te expulsaron
de la escuela?
Pues la historia se repite otra vez conmigo.

-¿Qué le dijo el diccionario a la mochila?

-No lo sé.

-¡Yo soy un hombre de letras!

☺ ☺ ☺ ☺

Profesor al alumno:

—¿No te da vergüenza Pablito? ¡No sabes nada de nada! ¡A tu edad yo era el primero de la clase!

—Tendría usted mejores maestros que yo.

☺ ☺ ☺ ☺

En un examen:

—¿Cuáles son las tres palabras más usadas por los estudiantes?

—No lo sé.

—Muy bien contestado. Aprobado.

☺ ☺ ☺ ☺

La maestra le dice al niño:

-¿Por qué llegas tan tarde?

-Porque salí con retraso de casa.

-¿Y no se te ocurrió que podías salir más temprano?

-Sí, se me ocurrió, pero ya era tarde para salir temprano.

☺ ☺ ☺ ☺

Durante la clase de lengua uno de los alumnos pregunta al maestro.

—¿Cómo se escribe bala?

—Como suena.

—PUM?

☺ ☺ ☺ ☺

Era un profesor tan plomo, tan plomo, que un día se cayó al mar, llegó hasta el fondo y para rescatarlo tuvieron que sacarle con una grúa.

—Mamá, ¿las escuelas son peligrosas?
-No hijo, ¿por qué piensas eso?
-Porque cerca de cada escuela hay una señal que dice: «¡Cuidado, escuela!»

—Mi maestro tiene la virtud de enloquecer a todas las maestras.
—Desde luego, la que se case con él tiene que estar loca.

Chistes

Entre amigos y amigas

Dos viejos amigos se encuentran un día en un velatorio y uno le comenta a otro:

—A mí me gustaría morirme como mi abuelo, tranquilamente, mientras duermo, y no gritando histéricamente como los viajeros que iban en su autobús.

—Perdona que te despierte, Manolo.

—No, da igual, si estaba sonando el teléfono.

Dos amigos han quedado para cenar y tomar unas copas porque hacía mucho tiempo que no se veían. A medianoche uno de ellos intenta despedirse y le dice al otro:

—Bueno Paco, me voy que son más de las doce y mi mujer se va a enfadar muchísimo.

—Pero bueno, no seas tan cobarde. Llama por teléfono y dile que vas a tardar más ¡y que se aguante!

—No, Paco, tú no conoces a mi mujer. Se pone como una fiera en estas ocasiones.

—Lo que pasa, Manolo, es que no sabes tratar a las mujeres fuertes. Te voy a dar una lección de cómo se hace.

El amigo coge su teléfono móvil y, después de marcar un número, dice:

—¿Oye? Sí, mira, te llamo porque no voy a ir a dormir hoy. Sí, soy yo, no te hagas la loca. Nos vemos mañana. Adiós.

Manolo se queda sorprendidísimo y le dice al amigo:

—De verdad que es increíble. ¿Qué te ha dicho? Yo no sería capaz de hablar así a mi esposa.

—No, yo tampoco. En realidad ésta era la tuya.

☺ ☺ ☺ ☺

—¿Tú crees que Luis me quiere de verdad?

—Pues claro. Ayer no paró de hacerme preguntas sobre ti.

—¿Sí? ¿Y qué te decía?

—Pues me preguntó si era verdad que tenías un millón de pesetas de dote y que si tu padre era realmente el director de la empresa de cosméticos.

☺ ☺ ☺ ☺

Fernando le dice a su novia:

—¿Qué te parece si cenamos juntos esta noche?

—Me haría mucha ilusión, cariño.

—Está bien. Dile a tu madre que prepare la cena hacia las diez.

☺ ☺ ☺ ☺

Se encuentran tres amigos desesperados de la vida y hartos de ser tan pobres y se ponen a filosofar y a imaginar:

—¡Qué ganas de ser famoso! Si hubiera inventado la televisión... la ve el 70% de la gente.

Otro de ellos comenta:

—Yo hubiera preferido inventar los libros. El 90% de la gente los lee.

Y el tercero, que apenas hablaba, les dice:

—¡A mí me hubiera gustado inventar el papel higiénico!

☺ ☺ ☺ ☺

Dos amigas algo envidiosillas...

—Mi novio se ha comprado un Golf «Ge.Te. I»...

—¿Ah sí? Pues el mío tiene un Porche «Mué. Re.Te»...

☺ ☺ ☺ ☺

Dos amigos, uno americano y otro ruso, discuten sobre la democracia. Entonces el americano dice:

—Nosotros somos un país libre. Yo puedo entrar en la Casa Blanca y, si quiero, puedo insultar al presidente sin que me condenen.

—Si eso es para ti la democracia —contesta el ruso— yo también puedo entrar en el Kremlin e insultar al presidente de los Estados Unidos sin que nadie me condene ni me haga nada.

Un hombre muy tímido se decide a entablar conversación con una mujer en la piscina. Lleva todo el día observando sus movimientos sin atreverse a decirle nada. Al final se zambulle en el agua para salir al lado de donde ella está y le dice:

—Hola ¿cómo te llaman en casa?

Y ella le responde, áspera y seca:

—Mamá, todos mamá.

Dos amigos se encuentran en la cola del banco y uno le dice a otro:

—¡Hombre, Felipe! Ya me he enterado de que te han tocado millones en la lotería...

—Sí, la verdad es que he tenido mucha suerte.

—Bueno, ¿y qué vas a hacer con tanto dinero?

—Pues pagar a los acreedores.

—Ya ¿y con el resto?

—El resto que espere a que me toque otro pellizco...

Un joven muy tímido intenta declararse a una chica que le gustaba desde hacía mucho tiempo:

—Señorita, es posible que yo sea un joven no muy agraciado, demasiado tímido, parco en palabras, con mal gusto, pero usted me gusta demasiado...

☺ ☺ ☺ ☺

Un individuo debía asistir a un juicio pero decide defenderse a sí mismo para no pagar los honorarios de un abogado. Llegado el momento, llama a su amigo íntimo al banquillo y le pregunta:

—Benito, di la verdad... ¿dónde estaba yo cuando robamos el coche?

☺ ☺ ☺ ☺

Dos amigos se encuentran en la calle, se saludan y uno le comenta al otro:

—¿Sabes que se ha muerto Antonio?

—¡No me digas! Y ¿de qué?

—De cataratas.

—¿Le operaron?

—No. Le empujaron.

☺ ☺ ☺ ☺

Dos amigos mantienen esta conversación sobre la ciencia...

—Lo que avanza la ciencia, chico.

—¿Que si avanza? A mí me lo vas a decir. Un primo mío perdió un ojo. Le pusieron uno de cristal y ahora ve mejor que con el suyo propio.

—Eso no es nada. Yo tengo un amigo que perdió un dedo en una serrería, le implantaron la ubre de una vaca y ahora pide el café solo, aprieta la ubre y se echa la leche que quiere.

—¡Eso habría que verlo...!

—Sí, con el ojo de tu primo...

☺ ☺ ☺ ☺

—¡Amigo Pepe! ¡Cuánto tiempo sin verte! Pero ¿tú no te habías muerto?

— ¡NO! ¿por qué dices eso?

—Es que últimamente toda la gente en el pueblo habla bien de ti.

☺ ☺ ☺ ☺

—¿Qué tal tu estómago, Pepe?

—De maravilla. Al final, lo que hizo el médico fue prohibir a mi mujer que guise absolutamente nada.

☺ ☺ ☺ ☺

—De verdad, Alfonso —le dice su amigo—, realmente me gustaría conocer a una mujer inteligente, ingeniosa, enamorada de su trabajo y con mucha energía vital, que estuviera dispuesta a dejarlo todo por mí.

☺ ☺ ☺ ☺

—¿Puedes creerte, Juan, que yo una vez me enamoré de una chica y me volvió totalmente tonto?

—Pues claro que sí. Hay chicas que causan impresiones muy duraderas...

☺ ☺ ☺ ☺

Dos amigas se encuentran en la peluquería...
—Hoy me he cruzado con tu marido por la calle, pero no me ha visto.
—Sí, ya me lo ha dicho.

☺ ☺ ☺ ☺

Dos novios en un parque:
—Mis amigas no paran de preguntarme que cuándo nos vamos a casar. Es que son muy curiosas.
—Pues tú tranquila, que se van a quedar con las ganas.

☺ ☺ ☺ ☺

—¡Hola Antonio! ¿Sabes que he encontrado un trabajo en Castellón?
—¿De qué?
—De la Plana.

☺ ☺ ☺ ☺

Otros dos amigos se encuentran...
—¡Enhorabuena Julián! Ya me han dicho que te ha tocado la primitiva.
—¡Ah sí! Nada, 30 millones, lo que jugaba...

—A mí me gustan los hombres inteligentes.
—Pues a mí me encantan los hombres deportistas, sobre todo, si además son ricos y disponen de un estupendo coche descapotable.

☺ ☺ ☺ ☺

—En el último partido de fútbol me acompañó mi hija y se lo pasó tan bien que perdió la voz. Seguro que este domingo quiere venir también.

—Es muy posible. Pero este domingo voy a llevar yo también a mi mujer.

☺ ☺ ☺ ☺

Una señorita entrada en años le comenta a su mejor amiga:

—Debes saber, Mercedes, que yo no me he casado porque no he querido, pues cuando era joven hacía volver la cabeza a muchos chicos.

—Sí, ya sé que volvían todos la cabeza; pero para no verte...

☺ ☺ ☺ ☺

Una amiga le dice a otra:

—¿Y cómo es que siendo tu novio tan retraído se atrevió a declararse?

—No, si fui yo la que se declaró, el no tuvo valor para decirme que no.

☺ ☺ ☺ ☺

—Pero, Manolita ¿es verdad que has dejado a tu novio?

—Sí, hija, no me ha quedado más remedio.

—Pero si tenía un buen empleo y, aunque viajaba, pronto se iba a quedar aquí fijo.

—Ya, pero desde que se fue a Estados Unidos no hace nada más que decirme en las cartas que está entre Carolina y Virginia. ¡Cómo voy a aceptarlo!

☺ ☺ ☺ ☺

—Tú ya conoces a mi adorable esposa ¿no?
—le dice Jaime a su amigo.
—Ah, pero ¿es que tienes dos?

—¿Qué estás haciendo con ese papel, Julita?
—Estoy escribiendo a mi novio.
—Pero si tú no sabes escribir.
—Ya lo sé pero es que mi novio tampoco sabe leer.

—De verdad, Marcelino, estaba harto de estar mano sobre mano.
—Ya lo creo. ¿Y qué? ¿Te has puesto a trabajar?
—¡No! Ahora las pongo en los bolsillos.

—Gracias a mi mujer, no me quitaron ni una peseta cuando me robaron la cartera.
—Pero ¿es que sorprendió ella al ladrón?
—No, si ella no venía. Pero me había quitado todo antes de salir de casa.

Dos amigas en el parque...
—¿Qué te parece Ricardo?
—Me parece un tonto.
—Es que me ha pedido relaciones.
—¿No ves?

—Mi mujer se empeña todos los días en acostarse a las tres de la mañana.
—Vaya manía. ¿Y qué hace hasta esa hora?
—Espera a que yo llegue.

Un coleccionista de libros antiguos le pregunta a un amigo suyo si tiene algun libro viejo en su casa.

—Pues no, mira, precisamente la semana pasada tiré una Biblia que había pertenecido a mi familia desde ni se sabe cuando... creo que era una edición de un tal Guten... Guten...

—¿Gutenberg? ¿Tiraste una Biblia de Gutenberg? ¡Pero si ése es el primer libro que se imprimió! ¡Una maravilla! ¡Hace poco se han llegado a pagar cuatro millones de dólares por un ejemplar de esa edición!

—Bueno, no creo que éste valiese ni veinte duros, porque estaba todo lleno de anotaciones en los márgenes de un tal ... Martín Lutero, creo que se llamaba.

☺ ☺ ☺ ☺

—Antes de morir, mi marido me hizo prometer que no volvería a casarme con nadie más.

—Es que tu Paco fue siempre muy humano para los demás.

☺ ☺ ☺ ☺

—¿Has notado que cuando una mujer no se quiere casar se dice que es muy independiente? —comenta Pepe a su amigo.

—Sí, es que la mentalidad ha cambiado.

—Ya, pero debería ser para todos por igual.

¿Por qué cuándo se trata de un hombre se dice que es que tiene miedo al compromiso?

Un par de amigos un tanto pobretones comentan mientras toman el sol sentados en un banco:

—Yo siempre dejo de fumar cuando me duele la garganta.

—Yo, en cambio —contesta el otro—, no fumo cuando me duele la espalda.

—¿Y por qué? —pregunta extrañado el primero.

—Porque no puedo inclinarme a recoger las colillas.

—He roto con Alfredo. Es una persona llena de defectos.

—¿Y le has devuelto el anillo?

—¿Por qué lo iba a hacer? El anillo no tiene ningún defecto.

Carta de una madre de Arkansas a su hijo:

«Querido hijo, te estoy escribiendo lentamente porque ya sé que tú no puedes leer rápidamente. Nos hemos mudado, porque papá leyó en el periódico que la mayoría de los accidentes ocurren a menos de 20 km de casa. No te puedo dar la nueva dirección, porque la familia que vivía aquí antes se llevó el número de la casa para no tener que cambiar su dirección. Este sitio tiene una lavadora. El primer día metí cuatro camisas, tiré de la cadena y desde entonces no las he vuelto a ver. Sólo ha llovido dos veces esta semana, la primera vez durante cuatro días y la segunda sólo tres días.

El abrigo que querías que te mandásemos por correo pesaba demasiado debido a los botones, así que se los arrancamos. Pero no te preocupes, podrás encontrarlos dentro de los bolsillos del abrigo.

Recibimos una carta del servicio de pompas fúnebres. Dicen que si no pagamos el entierro de la abuela, que la echan. Así que estamos preparando el cuarto de invitados.

Tu hermana ha dado a luz esta semana. Todavía no sé si es un niño o una niña, así que no puedo decirte si eres tío o tía.

Tu primo John se cayó en un barril de whisky. Sus amigos intentaron sacarlo, pero él se resistió juguetonamente y murió ahogado. Al incinerarle, estuvo ardiendo durante tres días.

Ha habido un accidente. Tres de tus amigos iban en una camioneta cuando se cayeron por un puente al río. El conductor pudo abrir la puerta y se salvó, pero los otros dos, que iban afuera, no pudieron abrir la portezuela de atrás para la carga, y se han ahogado. En fin, sin noticias como puedes ver. Besos.

Tu madre.

☺ ☺ ☺ ☺

—¿Qué te pasa, Enrique?, últimamente siempre te noto cansado.¿Tienes algún problema?

—No —contesta Enrique—, es que desde que sé que mi corazón late 105.807 veces al día, que respiro 23.413 veces, que trago 452 metros cúbicos de aire, que pronuncio un promedio de 5.105 palabras moviendo 783 músculos, que mis uñas crecen 0,00038 milímetros y mi pelo 0,15 milímetros al día, siento verdadera necesidad de descansar.

☺ ☺ ☺ ☺

Tres tipos, un francés, un americano y un polaco, están en una isla desierta y un día se encuentran una botella en la playa, la abren y sale un genio que les concede un deseo a cada uno. El francés rápidamente dice:

—Pues yo quiero volver a París para reunirme con mi amada.

El genio chasquea los dedos y el francés desaparece. Luego dice el americano:

—Pues a mí me gustaría volver a mi casa, estar con mi mujer y mis hijos.

De nuevo, el genio chasquea los dedos y el americano desaparece.

Entonces el polaco le dice al genio:

—Me voy a encontrar tan solo... que mi deseo es que mis dos amigos vuelvan aquí...

Javier le dice a su amigo Félix:

—¿Puedo confiarte un secreto?

—Hombre, no faltaba más. Somos amigos ¿no? —contesta Félix.

—Es que necesito cien mil pesetas.

—Pues tú tranquilo que, por mi parte, como si no me hubieras dicho nada.

—Cuando me peleo con mi esposo le amenazo con irme a vivir con mi madre.
—Eres boba, Pilar. Yo le amenazo con que mi madre se viene a vivir con nosotros.

Chistes

Malentendidos

Pepito se encuentra a una vecina anciana caminando por la calle y le dice:
—¡Anda! Pero ¿usted tiene los dos pies señora Rufina?
—¡Claro que sí, Pepito! ¿A qué viene esa exclamación?
—Pues porque mi papá siempre dice que usted tiene un pie en el otro mundo...

Una madre va por la calle llamando a su hijo:

—¡Coné, coné!

Una señora que pasaba por allí le pregunta:

—¿Por qué le llama Coné?

—Porque cuando le íbamos a bautizar el cura nos preguntó:

—¿Cómo se llama el niño?

—Pues, Ugenio.

Y el cura respondió:

—¿Será con E?

—Pues como usted diga, le dijimos. Y por eso se llamá Coné.

Dos amigos sin estudios estaban discutiendo en la calle mientras una señora oía que uno de ellos decía:

—No se dice «yo no sabo», memo, se dice «yo no sepo».

En esto que la señora interviene y en tono amable les dice:

—No, así tampoco se dice.

Y el sabelotodo le pregunta:

—¿Cómo se dice, lista?

—«Yo no sé».

—Y entonces ¿para qué se mete?

Miguelito sube a un autobús en la ciudad adonde ha ido a visitar a unos parientes. Un pasajero le da un gran pisotón y le dice:

—Lo siento. Es que vamos tan apretados.

—Tranquilo —contesta Miguelito—. Estoy acostumbrado; vivo en el campo y casi todos los días me pisa algún animal...

Un hombre le pide ayuda a un vecino para que le ayude a mover un sofá muy pesado que se ha atrancado en la puerta.

—Venga, vecino, agarre de aquel extremo y yo agarraré del otro. Tire con todas sus fuerzas.

—Eso hago pero ni se mueve.

—Vamos hombre ¡con más fuerza! ¡que no se diga! Este maldito sofá no nos va a ganar...

—Eso hago pero ya no puedo más.

Forcejean un buen rato hasta que quedan exhaustos y el sofá ni se ha movido.

—Olvídelo, amigo. ¡Jamás podremos meter este trasto!

—Pero... ¿no lo estábamos sacando?

En un baile de provincia, un domingo por la tarde...

—Hola nena, ¿bailamos?

—No —responde la jovencita.

—¿Y eso?

—Eso es mi hermana y tampoco baila.

☹ ☺ ☹ ☺

En la frutería...

—¡Muy buenas! ¿qué tal son esas peras?

—Muy buenas.

—¡Muy buenas! ¿Qué tal son esas peras?

☹ ☺ ☹ ☺

Un mayorista de aceite tiene que salir de casa por un imprevisto. Entonces le pide a la sirvienta que atienda bien las llamadas y que ponga mucha atención a lo que le dicen. Cuando regresa, encuentra a la muchacha con un bidón muy grande colocado debajo del teléfono y el auricular dentro. Con gran extrañeza le dice:

—Pero ¿qué haces ahí con ese cacharro?

—Es que han llamado diciendo que me preparara bien para recibir diez mil litros de aceite, pero hasta el momento, señor, por aquí no ha caído ni gota...

☹ ☺ ☹ ☺

—Caballero ¿podría hacerme un favor?

—Pues hombre... dígame qué favor desea.

—¿Podría cambiarme esta moneda de cien pesetas en cinco de veinticinco?

—Bueno, será en cuatro de veinticinco ¿no?
—Ya pero entonces ¿dónde estaría el favor?

Un mendigo llama a la puerta de una casa a la que había llamado el día anterior. Abre una señora y le dice:
—¿Cómo? ¿Otra vez usted?
—Perdóneme, buena señora, pero es que estoy muerto de hambre.
—Espere un momento que voy a llamar a mi marido.
—No, señora, no es para tanto. Yo no soy ningún caníbal...

En la aduana...
—¿Tiene usted algo que declarar?
—No.
—¿Qué lleva dentro de esa maleta?
—Comida «pa los pollos».
—¿Conque comida «pa los pollos» ¿eh? ¿ Y estos relojes? ¿y estos anillos? ¿y estas radios?
—Pues eso es comida «pa los pollos». Yo se lo doy, pero si ellos no se lo comen lo vendo, no lo voy a tirar ¿no?

En la ventanilla de la estación de autobuses un señor ha pedido un billete pero el de la ventanilla, que no oye con el ruido, le dice:
—¿A Antequera?
—¿Cómo? Yo «ante» era pastor pero ahora «toy» en el paro...

En el teatro...
—En este primer acto he encontrado al público un poco frío.
—Claro, pero espere usted al tercero, cuando la calefacción ya esté en marcha.

Un autobús va pasando por un pueblo en el que hay un acto de apoyo a África. Por tal motivo han colocado una pancarta a la entrada en la que figura el siguiente lema: «Villatortas por África». Al leer el citado letrero el conductor del autobús empieza a quejarse y comenta al viajero que lleva más cerca:

—Desde luego, no hay derecho. Con esta moda de las circunvalaciones es que nos vuelven locos. Cada vez das más vueltas para llegar a los sitios...

—Buenas ¿me da un bote de mayonesa?

—¿Ybarra?

—No, gracias, el pan ya lo llevo.

—Y ahora... dígame, ¿cómo se desarrollaron los hechos?

—Pero ¿tal y como los ha contado el abogado defensor o tal y como ocurrieron?

En una carrera de atletismo...

—Para que salgan los corredores tiene usted que disparar un tiro con esta pistola.

—Bien, ¿sobre cuál de ellos?

El ama le dice a su nueva camarera:

—Es importante, antes de que acepte el empleo, que sepa que la casa es muy grande, que tendrá que servir a muchas personas y tendrá que trabajar muy duro.

—Tranquila, señora. Estoy acostumbrada. En mi pueblo tenía que cuidar a diez vacas y veinte cerdos.

—Buenas, ¿me podría enseñar zapatos de cocodrilo?

—Bueno, ¿qué número usa su cocodrilo?

—Ya he encontrado la forma de comer huevos de Pascua sin gastar un céntimo.

—¿Cómo lo has hecho?

—Compré una gallina y la he llamado Pascua.

Dos mayorcitos que se han conocido en un cine...

—¿Por qué me abrazó usted anoche en la oscuridad?

—Pues... la verdad es que ahora de día también me lo pregunto yo.

—Por favor, señorita, ¿podría decirme cómo viene el vuelo de Nueva York?

—Viene demorado.

—Bonito color, pero, ¿podría decirme si viene con retraso?

Granjero escarmentado...

—Hola, buenos días ¿me podría decir qué le da usted de comer a sus cerdos?

—Pues hombre... generalmente las sobras y basura de la granja, desperdicios de la comida...

—Pues siento decirle que tengo que sancionarle porque soy de la protectora de animales y esto no se puede permitir.

Días más tarde aparece otro coche del que se baja una señorita...

—Buenas tardes, buen hombre ¿Podría decirme qué le da usted de comer a sus cerdos?

—Sí, yo les doy jamoncito y entremeses variados, después normalmente estofado y luego postre que varía cada día de la semana y, si alguno quiere café, pues también lo toma.

—Cuida usted muy bien a sus cerditos pero yo siento

tener que detenerle. Somos defensores de los derechos de los niños y es una vergüenza que haya tantas criaturas muriendo de hambre y usted cebando así a sus cerdos...

Al cabo de unos meses se detiene otro coche y se bajan un par de señores muy arreglados...

—¿Podría decirnos con qué alimenta usted a sus cerdos?

—Pues mire, yo les doy trescientas pesetas a cada uno para que se compren lo que quieran...

Manuel espera a un familiar que viene a pasar unos días a su casa. El día de su llegada recibe el siguiente telegrama: «Perdido tren. Saldré mañana misma hora». Manuel piensa: «Si sale mañana a la misma hora volverá a perder el tren».

El acusado dice en el juicio:

—Soy inocente, señor juez. Sólo intenté robar el banco.

—¿No sabe usted que para ir a la cárcel basta con la intención?

—Ah, bueno, siendo así, haré también la intención de ir a la cárcel.

El presidente del tribunal grita al acusado:

—¡Usted ha tenido la osadía de entrar a la una de la madrugada en una casa ajena, cuando todos descansaban, y les ha robado!

—Pero, señor presidente. La vez pasada me condenó porque había tenido la gran osadía de entrar en una casa y robar cuando todos estaban comiendo... Ahora quiere meterme en la cárcel porque lo he hecho de noche. ¿Puede aclararme a qué hora puedo hacer mi trabajo sin que sea una osadía para usted?

El alcalde del pueblo manda pegar el siguiente aviso:

«El cortejo de trajes regionales desfilará el próximo domingo día 15, cualquiera que sea el tiempo que haga. Si llueve por la mañana, se aplazará el desfile hasta las siete de la tarde. Si llueve por la tarde, el cortejo saldrá entonces a las diez de la mañana».

En la ventanilla de una estación de ferrocarril se presenta un campesino:

—¡Dése prisa, hombre! ¡Un billete, que pierdo el tren!

—Pero ¿adónde va?

—¡Eso es cosa mía, métase en sus asuntos! ¡Déme un billete y basta!

El enfermero, al acompañar a un paciente a la cama que le ha sido asignada, le pregunta:

—¿Tiene usted pijama?

—No —contesta el enfermo—, yo lo que tengo es ciática.

Se encuentran dos vecinas y la una le dice a la otra:

—Me ha dicho Rosa que le has dicho aquel secreto que te había dicho que no le dijeras...

—Pero yo le había dicho que no te lo dijera.

—¡Qué le vamos a hacer! Pero ahora no le digas que te he dicho que ella me lo ha dicho...

—¿Ya has aprendido a montar en bicicleta?

—Claro.

—¿Y qué es lo más duro que has encontrado?

—La tapia de mi casa.

Un señor de la alta sociedad le dice a su sirvienta antes de salir de casa:

—Si telefonea alguien mientras yo no estoy tienes que contestar con pocas palabras: «El señor ha salido. Tenga la bondad de darme su número». Pero con buenos modales, ¿entendido?

Al día siguiente el señor se encuentra a un amigo íntimo y éste le dice:

—¿Sabes que tienes una criada un poco impertinente? Ayer te llamé y me contestó: «Pocas palabras porque el señor ha salido; tenga la bondad de darme su número, pero con buenos modales, ¿entendido?».

—Rufina —dice la señora a su sirvienta— ¿has terminado de limpiar ya los latones de la casa?

—No, señora. Todavía me faltan las pulseras y los anillos de la señora...

—Guillermo es que tiene unos conocimientos muy profundos.

—¿Sí? Pues ignoraba yo esa virtud de Guillermo. ¿Y a qué se dedica?

—Tripula un submarino.

Unos marcianos llegan a la Tierra para contactar con los humanos, y aterrizan con su nave justo en un cruce de carreteras. Bajan y se ponen a mirar.

—Creo que estamos en un cementerio.

—¿Por qué?

—Porque estas cosas parecen lápidas. Mira, por ejemplo, ahí debe de estar enterrado un tipo que murió a la edad de veintiséis años.

—Ah, qué curioso. ¿Y cómo se llamaba?

—Kilómetros a Madrid.

Una mujer se va de vacaciones y deja el gato en casa de su hermano.

Al cabo de una semana le llama por teléfono:

—Oye, ¿cómo está mi gato?

—Pues se ha muerto esta mañana, atropellado por un camión.

La hermana le echa la bronca; que si es un insensible, que dónde tiene su sentido común, y que por qué no ha empezado diciéndole algo así como que el gato estaba subido en el tejado y no lo podían bajar... Bueno, el caso es que se despiden y al cabo de una semana vuelve a llamar.

—Hola, ¿qué tal?

—Bien...

—¿Y mamá? ¿Cómo está mamá?

—Pues verás, se ha subido al tejado y no la podemos bajar...

Dos locos encuentran una escopeta de dos cañones y confundiéndola con unos prismáticos, se le dispara en los ojos a uno de ellos, y dice el otro:

—No me mires con esa

El primer actor interrumpe la representación y, dirigiéndose al público, pregunta:

—¿Se oye desde el fondo?

—¡No! —le contestan las últimas filas al unísono.

—Pues entonces, ¿por qué contestáis si no lo habéis oído?

cara, que yo también me he asustado.

Un señor se dispone a cruzar la frontera y cuando llega a la aduana el funcionario le hace detener el coche y le pregunta:

—¿Lleva usted cigarrillos, alcohol, chocolate, aparatos de música...?

El hombre contesta:

—Gracias, señor, pero llevo de todo eso y más.

Un tipo flacucho lleva más de una hora sentado en la cantina con los ojos clavados en su copa. En eso entra un fornido camionero, se sienta junto a él, coge la copa y se la bebe de un trago. El pobre hombre se echa a llorar.

—¡Vamos, vamos, amigo! — le dice el camionero—. Era una broma. Le invito a otra copa.

—No es eso —dice el otro, sollozando—. Es que éste ha sido el peor día de mi vida. Primero llegué tarde al trabajo y me despidieron. Al salir de la oficina me di cuenta de que me habían robado el coche y tuve que andar 10km hasta mi casa. Allí me encontré a mi mujer con otro hombre, así que cogí mi billetera y vine aquí. Y precisamente cuando me dispongo a terminar de una vez con todo, ¡viene usted y se toma mi copa con veneno!

Al Instituto Anatómico Forense llega el primo de un fallecido para identificar el cadáver. El encargado le pregunta:

—¿Recuerda algún defecto o marca física que nos ayude a su reconocimiento?

—Claro que sí. Él era sordo del oído izquierdo.

Dos ladrones ante el escaparate de una joyería...
—¿Tú cuánto crees que podría costar este broche de diamantes?
—Pues... aproximadamente... no más de tres años o cuatro de cárcel.

Chistes

Algunos defectillos físicos (y psíquicos)

Un día, en el manicomio, Federico pide hablar con el director...

—Señor, quisiera que me diera de alta... ya no estoy loco.

—Muy bien Federico, te voy a hacer un examen... ¿quién fue el cura Hidalgo?

—Fue el padre de la independencia mejicana.

—Muy bien. Y dime ¿quién fue Pancho Villa?

—Un gran revolucionario...

—¡Perfecto! ¿Y quién fue Emiliano Zapata?

—Pues el caudillo del sur.

—¡Excelente, Federico! Se ve que conoces muy bien la historia.

—¿Cómo no la voy a conocer si yo fui el caballo de los tres...?

En el patio de un manicomio un interno se da golpes en la cabeza con un martillo. Al rato llega otro y le dice:

—Eso debe dolerte un montón.

—Sí, pero cuando dejo de hacerlo noto un alivio...

Se encuentran un calvo y un jorobado, ambos con muy malas pulgas...

CALVO: ¿Qué llevas en la mochila?

JOROBADO: ¡Un montón de peines!

Se le escapa el loro al director del manicomio y se para en un árbol.

En esto, sale el director del centro y les dice a dos de los locos que lo cojan. Se suben a una escalera y de inmediato se bajan sin más interés.

El director les pregunta:

—Pero ¿por qué no lo han cogido?

—¡Es que todavía está verde!

En un manicomio los doctores deciden evaluar el grado de locura de los internos y pintan una puerta en una pared y dicen:

—Aquel que logre pasar por esa puerta será libre.

Acto seguido los locos se abalanzan sobre la supuesta puerta tratando de abrirla, mientras uno de los locos los observa y sonrie. Un doctor se acerca a él y le pregunta:

—¿Por qué te ríes de los demás?

—Porque no lograrán pasar por esa puerta.

El doctor, creyendo que ya no estaba loco, le pregunta:

—¿Y por qué dices eso?

—Porque yo tengo la lla ve.

En una sala un médico observa a cuatro internos que juegan a los naipes mientras otro está sentado sobre un armario. El médico pregunta a uno de ellos:

—Y aquel ¿qué está haciendo?

—Es un loco. Cree que es una lámpara —le responde uno de los jugadores.

Entonces el doctor le grita:

—¡Eh, usted! ¡Baje de ahí inmediatamente!

A lo que responden los otros cuatro, indignados:

—Pero ¿qué hace? ¿No ve que sin luz no podemos jugar?

Un señor que ha venido por primera vez a Madrid a realizar unas gestiones, y que viaja en un autobús atestado de gente, le pregunta al cobrador:

—Oiga, por favor ¿la parada de Colón?

Y el cobrador no le responde. El señor, pensando que no le ha oído, le repite:

—Por favor ¿cuál es la parada de Colón?

Y el cobrador sigue sin contestarle. Entonces un señor que iba al lado le hace una seña en el hombro y le dice:

—Mire, tiene que bajarse usted en la siguiente.

A lo que nuestro viajero le responde:

—Muchas gracias. Se lo agradezco infinito porque llevo mucha prisa.

Entonces, volviéndose al cobrador al tiempo de ir a bajar, le dice con bastante mal humor:

—Gracias, hombre. ¡Y siga usted así de amable!

A lo que el cobrador responde:

—Eeeee... encima deee que lo hagooo por suuu bien. Siii... si se lo diiiigooo seee... se... see le paaasa la... la... la pa... pa... rada.

Un amigo le aconseja a otro que es tartamudo:

—Yo sé que lo que mejor sabes decir es «vermut» pero no por eso puedes ir a todas horas pidiendo vermut, porque vas a acabar con tu hígado. Debes probar a decir otras cosas y así tomarás otras bebidas que no te hagan tanto daño. ¿Por qué no pruebas a decir «café»? Es una palabra sencilla...

El tartamudo asiente con la cabeza y se va a su casa para empezar a practicar. Dos meses después se acerca de nuevo al bar, levanta una mano y con una soltura excepcional le dice al camarero:

—Café.

El camarero entonces le pregunta:

—¿Solo, cortado o con leche?

Y el tartamudo le responde:

—Vermut.

Un loco entra en la consulta del psiquiatra, se sienta, coge un cigarrillo, lo deshace y se mete el tabaco en la nariz. El médico le dice:

—Veo que usted necesita mi ayuda.

—Gracias, doctor. ¿Tiene una cerilla?

En un manicomio llega un doctor a hacer una visita a los enfermos y en su recorrido ve a uno de ellos cantando en una plaza y todos los demás frente a él. Al cabo de una hora el doctor vuelve a pasar y ve al loco que seguía cantando pero de espaldas al público. Entonces el doctor le pregunta a un espectador:

—¿Por qué canta ahora de espaldas?

—Porque se acabó la cara *A*. Ahora estamos escuchando la *B*.

El vendedor de pájaros elogia las características de su loro a un cliente:

—En un par de días aprende todo lo que se le dice a la perfección.

El señor se lleva el loro y al cabo de cinco días viene a devolverlo:

—¿Por qué? —dice, extrañado, el vendedor.

—Po... po... porque este pá... pá... pájaro tartamudea.

Un hombre llama por teléfono a un manicomio y pregunta:

—¿Quién hay en la habitación 24?

—Nadie.

—¡¡¡Bien!!! ¡Entonces me he escapado!

Un hombre con una joroba muy pronunciada le preguntó a un señor:

—Por favor, ¿sabe si por aquí voy recto hasta Atocha?

Y el señor le contestó:

—Pues me temo que usted, recto, recto, no va a ningún sitio.

El dueño de una casa que está en venta acompaña a un cliente muy miope para enseñársela. Por el camino, el dueño de la casa no para de decir elogios de la misma:

—Es una casa muy amplia y, sobre todo, muy luminosa. Le gustará de verdad.

—Ya veremos, ya veremos —contesta el cliente.

Al rato llegan al inmueble y el cliente exclama:

—Esto es una vergüenza. Nunca viviría en una casa tan oscura. ¡Usted es un mentiroso!

—Pero de qué está usted hablando. Tendrá que esperar primero a que salgamos del ascensor...

En la clase de español la maestra estaba enseñando los dichos más comunes. Ella iniciaba el refrán y ellos debían completarlo:

—A ver, Juan, completa el dicho: «Camarón que se duerme...».

—Se lo lleva la corriente, maestra.

—Muy bien, Juan. A ver, Fernando, completa el dicho: «Más vale pájaro en mano que...».

—Ciento volando, maestra.

—Muy bien Fernando. A ver, Efrén, completa el dicho: «Ojo por ojo...».

Y Efrén, que era gangoso, contesta:

—Jejenta y gcuatro, maegstra.

Está un loco cazando y de repente ve un pato. Rápidamente apunta con el dedo y dispara: ¡Pum, pum! El pato cae de inmediato a sus pies.

Se queda el loco asombrado mirando sus manos y dice:

—¡Caramba, pero si no tenía escopeta!

El pato se levanta de un saalto y dice:

—Desgraciado, ¡qué susto me has dado!

Chistes

Accidentes y catástrofes

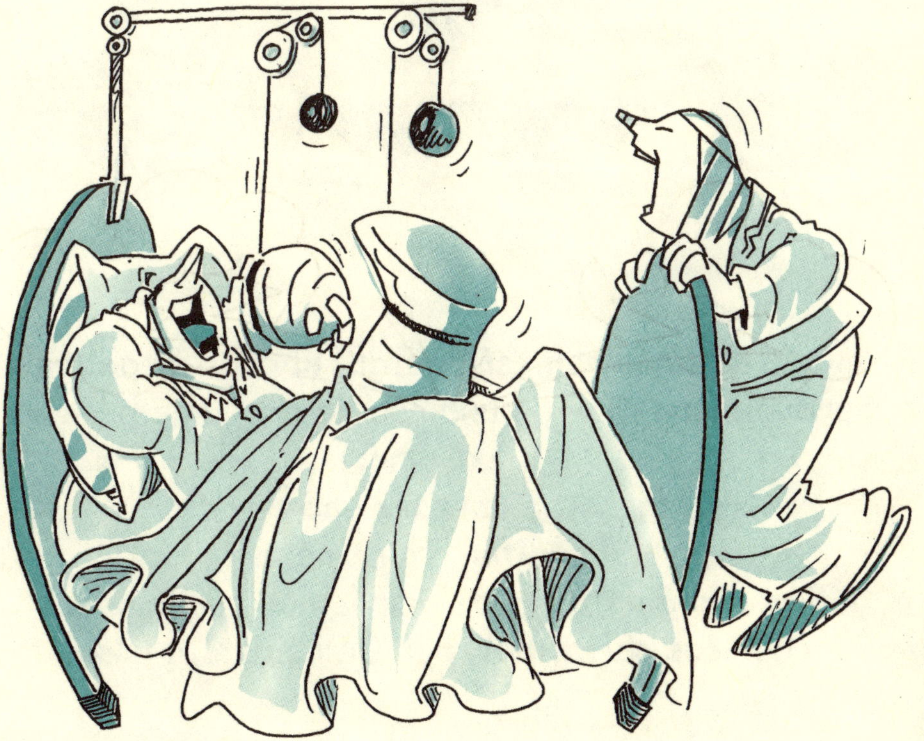

En medio de una gran tempestad, el capitán del barco comprendió que iban a hundirse de un momento a otro y exclamó:

—¿Alguno de ustedes sabe rezar?

—Sí capitán, yo sé rezar.

—Pues rece usted y los demás nos ponemos los chalecos salvavidas, porque nos falta uno.

Dos amigos se encuentran en la calle y uno le cuenta al otro:

—No veas qué mala suerte tuve el otro día.

—¿Y eso?

—Pues no te lo vas a creer, pero me pasó por encima un taxi.

—¡No me digas!

—Sí, pero eso no es todo. Según me levantaba me atropelló un camión de bomberos, una locomotora y, cuando estaba medio levantado, me pasó por encima un avión.

—Mira tío, lo del taxi vale; lo de los bomberos... bueno; lo de la locomotora, ya no... pero bueno, vale también. Ahora, lo del avión ya es muy fuerte... Tienes que mentir mejor y exagerar menos.

—¿Mentir yo? Vamos, hombre, y porque pararon el tiovivo, que, si no, me pillan todavía dos motos y una nave espacial.

☺ ☺ ☺ ☺

Cierto día, un autobús que iba a toda velocidad, atestado de políticos, derrapó, se salió del camino y se estrelló contra un árbol. El dueño del terreno, un granjero, se acercó a ver lo ocurrido, cavó una fosa y enterró a los políticos. A los pocos días el comisario de policía pasó por allí y, al ver el autobús volcado, llamó a la puerta de la casa y preguntó qué había sido de los políticos. El granjero explicó que los había enterrado.

—¿Y estaban todos muertos? —preguntó el comisario.

—Pues algunos decían que no, pero ya sabe usted cómo mienten los políticos.

☺ ☺ ☺ ☺

El barco va a la deriva y sin esperanzas de salvación En esos momentos, un marinero muy anciano se pone a comer pan tranquilamente y un compañero le pregunta:

—¿Cómo eres capaz de ponerte a comer en estos momentos?

—El médico siempre me ha dicho que no beba nunca con el estómago vacío.

☺ ☺ ☺ ☺

Van en el avión de Iberia rumbo a México y se oye la voz del capitán González, avisando de que el primer motor ha dejado de funcionar. «Con la prisa que llevo», comenta Venancio. Al rato el capitán anuncia que el segundo motor también ha dejado de funcionar. Un rato más y anuncia que el tercero está paralizado. Solo falta «que deje de funcionar el cuarto y llegamos mañana a México».

☺ ☺ ☺ ☺

Un hombre ha sido atropellado por un coche y lleva varios días en coma. Cuando recupera el conocimiento, le dice a su mujer:

—¿Dónde estoy? ¿En el cielo?

—No, cariño —responde la esposa— ¿no ves que yo también estoy aquí?

☺ ☺ ☺ ☺

El avión sufre una avería técnica y se ve obligado a hacer un aterrizaje forzoso en pleno desierto del Sahara. Un americano baja, sube otra vez al avión y, unos minutos después, sale en traje de baño y chanclas. Entonces se dirige al comandante diciendo:

—Por favor, ¿está muy lejos el mar?

—Aproximadamente a unos setecientos kilómetros.

—¡Caramba! ¡Qué playa tan extensa!

Regresa Venancio de un viaje a Las Vegas y Pepillo le pregunta cómo le ha ido . «Bien», contesta Venancio, «hay unas máquinas tragaperras sensacionales. Le eché una moneda y gané. Le eché otra y volví a ganar. Finalmente tuve que desistir, pues ya no sabía qué hacer con tantas cocacolas».

Chistes

En el Cielo, milagros y otras escenas

Llegan tres individuos a las puertas del cielo y san Pedro le pregunta al primero:

—¿Cuántos pecados cometiste?

—Doce.

—Ve a correr doce vueltas a la manzana sin descansar.

Al segundo también lo interroga:

—¿Cuántos pecados cometiste tú?

—Quince.

—Pues ve a correr quince vueltas a la manzana sin descanso.

Al ver que el tercero se alejaba, le pregunta:

—Y tú, ¿a dónde vas?

—Yo voy antes a la Tierra, a por mi bicicleta.

Jesucristo en la cruz junto al ladrón bueno y el ladrón malo...

JESUCRISTO: Ladrón bueno, acércate.

LADRÓN BUENO: Ya voy, Padre (y se acerca).

JESUCRISTO: Ladrón malo, acércate.

LADRÓN MALO: Yo no creo en ti.

JESUCRISTO: Muy bien, pues no saldrás en la estampita.

Jesucristo reunido con los doce apóstoles en la última cena...

JESUCRISTO: ... y en verdad os digo, hermanos, que uno de vosotros me venderá esta noche, pero no diré su nombre.

PEDRO: ¿Acaso seré yo Maestro?

JESUCRISTO: No, no serás tú.

SANTIAGO: ¿Seré yo, Señor?

JESUCRISTO: No, tú tampoco serás.

JUDAS: ¿Seré yo, Señor?

JESUCRISTO:¿Seré yo, Señor? ¿Seré yo, Señor?

Se muere Fidel Castro y cuando llega al cielo le dice san Pedro:

—No, Fidel, tú no puedes entrar aquí. Esto está reservado para las personas que son muy buenas.

Fidel Castro, decepcionado, emprende su camino hacia el infierno y cuando llega allí le dice Satanás:

—¡Hombre, Fidel! Te esperábamos desde hace tiempo, pasa y siéntate.

Fidel entra en el infierno, se sienta y ve que toda la gente le mira con respeto.

—Toma algo de beber hombre —le dice Satanás.

Entonces Fidel le dice:

—Oye, voy un momento al cielo, que me he dejado olvidadas allí las maletas.

—No, chico, tú quédate aquí enviaré a dos demonios a recogerlas.

Cuando los demonios llegan al cielo ven una cola enorme. Le dice uno al otro:

—Oye, ¿qué te parece si saltamos la valla en vez de esperar esta cola?

Entonces los demonios saltan la cola y, al verles, san Pedro exclama:

Lleva Fidel en el infierno media hora y ya hay dos exiliados.

Son cuatro madres que están hablando de sus hijos sacerdotes. La primera dice:

—Mi hijo es monseñor, y cuando entra en una sala la gente se pone de pie y le saluda diciendo: «Buenos días, Monseñor».

La segunda no puede ser menos, y dice:

—Mi hijo es obispo, y cuando entra en una sala la gente se pone de pie y le saluda diciendo: «Buenos días, Excelencia».

La tercera dice:

—Mi hijo es cardenal, y cuando entra en una sala la gente se pone de pie y le saluda diciendo: «Buenos dias, Eminencia».

Pero el hijo de la cuarta madre es un cura normal y corriente, así que dice:

—Mi hijo mide 2 metros 20 y pesa 215 kilos, así

que cuando entra en una sala la gente dice: «Oh, Dios mío».

—¿Por qué Moisés y los judíos estuvieron vagando por el desierto durante 40 años?

—Porque a uno de ellos se le cayó una moneda de cinco duros.

—Y tú sabes ¿por qué los judíos no tienen pelos en el pecho?

—No.

—Porque están *de Pilatos* hasta las narices.

Un tipo que está en el cielo le pregunta a san Pedro:

—San Pedro, ¿qué hay hoy de cenar?

A lo que San Pedro responde:

—Una loncha de jamón york y un yogur.

—Pero ¿cómo va a ser eso? —dice el tío— si noto yo por aquí un olorcillo muy rico...

—Pues aquí no es —replica san Pedro— será en el infierno o en el purgatorio, porque hoy de cenar hay una loncha de jamón york y un yogur.

El tipo se baja al infierno y ve que se han montado una enorme barbacoa, se pasa de vuelta por el purgatorio y ve que se están tomando unas cervecitas mientras se preparan una paella. Enfadado, sube para el cielo y le dice a san Pedro:

—San Pedro, en el infierno una barbacoa, en el purgatorio, una paella que no veas, y aquí, en el cielo, una mísera loncha de jamón york y un yogur. Anda, haz una cena en condiciones.

—¡Que no!

—¡Venga ya, hombre!

—¡¡Que no!!, que para cuatro que somos no hago yo cena.

Un francés, un inglés y un español van al infierno, pero el demonio, para fastidiarles, les dice que los deja salir si traen algo que no pueda fundir con sus manos.

El francés va a la Tierra y trae un trozo de mármol de unas canteras francesas famosísimas; el demonio se lo pone en una mano y con una chulería increíble lo funde apenas sin esfuerzo.

El inglés va a la Tierra y trae un trozo de un nuevo material creado en un laboratorio inglés, del que todavía no han podido ni saber el punto de fusión. El demonio se lo pone en la mano y lo funde apenas sin esfuerzo.

Finalmente, el español, se busca en un bolsillo y le da como una piedrecilla de color verde. El demonio lo intenta con una mano, después con dos, luego usa todo su poder, pero nada, y le dice al español:

—Vale, me has vencido, pero al menos dime qué era este extraño material.

—M&M, ¡se derrite en tu boca, no en tu mano!

En un confesionario...
—Padre, me acuso de ser un pirómano en potencia.
—Tú... tú lo que eres es un degenerado, ¡que alguien llame a los bomberos!

San Pedro en las puertas del cielo...
Alguien llama: «Pum, pum».
—¿Quién es? —contesta san Pedro.
—San Miguel —le responde una voz.
—Pues déjeme dos cajas.

En un pueblecito, el cura se encuentra a un niño llorando en la calle. Le pregunta qué ha pasado, y el niño le dice que un amigo suyo tiene un caramelo y él no. El cura le dice que no llore, que él le va a comprar uno. Va a una tienda, compra un caramelo, se lo da al niño y, cuando va a pagar, se da cuenta de que se ha dejado el dinero en la iglesia, así que, todo cortado le dice al tendero sonriendo:

—Yo le pagaría con un sermón, pero es que no los tengo de peseta.

—No se preocupe, puedo ir a misa varias veces.

Un lepero va a una tienda a comprar un crucifijo. El dependiente empieza a enseñarle modelos, y al cabo de un rato el lepero le dice:

—Oiga, ¿y no tiene ninguno que no sea de la marca INRI?

Un lepero va a una tienda a comprar un crucifijo. El dependiente empieza a enseñarle modelos, y al cabo de un rato el lepero le dice:

—Oiga, ¿y no tiene ninguno sin el equilibrista?

Están presentando a dos personas.

—Vaya, su apellido es raro pero me suena; creo que en mi colegio había una monja que se llamaba igual. ¿Podría ser pariente suyo?

—Pues no sé, ¿cuál era su nombre?

—Uy, pues no me acuerdo... nosotros la llamábamos siempre Madre.

—Pues claro que es pariente mía; es el nombre de mi mamá.

Un par de monjas llaman a la puerta de una casa y les abre una niña.

—¿Nos podrían dar algo para el asilo?

—¡Abueeeelo, sal!

¿Te sabes ése del tipo que montó una lavandería al lado de un convento, y para hacer propaganda fue un día a hablar con la madre superiora y le preguntó sonriendo si tenía algún hábito sucio?

Jesucristo en la Ultima Cena:

—Discipulos míos, en verdad os digo que Y igual a X al cuadrado. Se quedan los doce muy pensativos, y luego Pedro dice:

—Maestro, creo que no entendemos.

—Es que es una parábola.

Chistes

Varios y excesos

PREGUNTA: ¿Cuál es el primer conductor que ve ponerse en verde el semáforo?
RESPUESTA: El conductor del segundo coche de la fila.

—¿Qué te pasa? ¿Tienes muy mala cara?
—Es que tengo un callo debajo del pie.
—Ah bueno, pero tienes mucha suerte porque así nadie te lo pisará.

Era un hombre tan alto, tan alto, que en lugar de tomar el café con leche lo tomaba con san Pedro.

Era un año tan seco, tan seco, que las vacas daban leche en polvo.

☺ ☺ ☺ ☺

—¿A qué hora sale el tren para Sevilla?
—No sabemos. Se nos han parado los relojes.

☺ ☺ ☺ ☺

Era un hombre tan tontín, tan tontín, que se volvió campana.

☺ ☺ ☺ ☺

—¿Hace mucho tiempo que salió el primer tren para Cádiz?
—Pues sí. Fue en el año 1875.

☺ ☺ ☺ ☺

PREGUNTA: ¿Cuál es el pez que llega siempre el último?
RESPUESTA: El del fin.

☺ ☺ ☺ ☺

Era tan vaga que se hizo construir una casa redonda para no barrer los rincones.

☺ ☺ ☺ ☺

PREGUNTA: ¿Sabes por qué los caníbales son tan hospitalarios?
RESPUESTA: Porque siempre tienen gente a la mesa.

☺ ☺ ☺ ☺

—Por favor, ¿a qué hora pasa el tren de las tres?

☺ ☺ ☺ ☺

Era un hombre tan bajito, tan bajito que la cabeza le olía a pies.

EL TIBURÓN: ¡Rayos! Desde que me comí a los hombres con salvavidas no consigo sumergirme.

—¿Así que has pillado toda la lluvia?
—No, también caía a mi alrededor.

PREGUNTA: ¿Qué exclama un camello en Arabia?
RESPUESTA: ¡Caramba! ¡Tantos pozos de petróleo y ninguno de agua!

En el tribunal:
—¿Cuál es su oficio?
—Enterrador —señor juez— para servirle.

—¡Suelten amarras!
Y Marras murió ahogado.

PREGUNTA: ¿Cuál es el colmo de lo inútil?
RESPUESTA: Contarle a un calvo una historia que le ponga los pelos de punta.

—Las ostras ¿cómo las prefiere? ¿Con limón o con pimienta?
—¡Con perlas!

—Por favor, ¿podría darme la hora?

—Lo siento pero ya se la di antes a otro señor.

☺ ☺ ☺ ☺

—Mi hija —dice una señora nueva rica a otra— estudia inglés, francés, alemán y álgebra.

Después, dirigiéndose a su hija, le dice:

—Ven, Lourditas, dile a la señora «Buenos días» en álgebra.

☺ ☺ ☺ ☺

PREGUNTA: ¿Qué le dice una zapatilla a otra?
RESPUESTA: ¡Qué vida más arrastrada llevamos!

☺ ☺ ☺ ☺

Un viajante tacaño baja del tren y le dice al chico que transportaba los equipajes:

—¿Cuánto cobras por cada maleta?

—Trescientas por la primera y doscientas cincuenta por las demás.

—Muy bien. Lleva tú las demás y yo llevaré la primera.

Van dos tomates por la carretera y uno le dice a otro:

—¡Camarero! Cuando he terminado la sopa había una mosca en mi plato. ¿Qué significa?

—Lo siento, señor. Yo estoy aquí para servir a los clientes, no para predecir el futuro o hacer augurios.

—Cuidado, un... ¡Chof!

—¿Qué? ¡Chof!

Una señora se encuentra con su vecina y le dice:

—Pues mi hija se ha casado con un oculista...

—¿Ah sí? Mira, para que veas.

La señora le dice a su sirvienta:

—¿Reme, quién ha llamado?

—Un señor que preguntaba por usted.

—¿No ha dicho su nombre?

—No, pero debe de conocerla mucho, porque ha dicho: «¿Está en casa la bruja?».

—¡Vaya día que llevamos! A ti se te muere el padre y yo pierdo el mechero.

Una vez llegó Santa Claus a repartir los juguetes y preguntó a los niños:

—Niños, ¿habéis comido ya?

—¡Noooooo! —contestaron los niños, que estaban muy nerviosos.

—Pues entonces no hay juguetes —gritó Santa Claus.

—¡Socorro! ¡Camarero! ¡Un ratón en mi sopa!

—Por favor, señora, no grite. ¿No ve que está muerto?

Un señor llega a las oficinas del Registro Civil para registrar el nacimiento de su hijo. Cuando ha terminado el trámite le pregunta al funcionario:

—¿Cuánto le debo?

—Nada. Es gratuito.

—¿Ah sí? Entonces —dice muy contento— voy a registrar también al hermano, porque son gemelos.

El director de un zoo llama por teléfono:

—¿Hospital Mayor? Mándenme urgentemente ciento cincuenta metros de venda... Sí, la jirafa tiene otra vez dolor de garganta...

PREGUNTA: ¿En qué se distingue un vendedor de seguros inglés de un vendedor siciliano?

RESPUESTA: En que el vendedor inglés calcula cuántas personas van a morir el próximo año, y el siciliano da, además, sus nombres.

El encargado de un restaurante de renombre dice a sus clientes:

—Yo siempre comulgo con el lema «Dime lo que comes y te diré quién eres».

Entonces el señor de la mesa 13 hace una seña al camarero y le dice en voz baja:

—Camarero, por favor. Si es tan amable retire mi cochinillo al horno...

Está un hombre huyendo de un león por la sabana.
Cuando se encuentra agotado, se para,
se arrodilla y empieza a rezar:
—Señor, ayúdame y convierte a este león en cristiano.
Amén.
Entonces, el león se detiene,
se arrodilla y se pone a rezar diciendo:
—Señor, bendice estos alimentos que voy a tomar.
Amén.

Llega un indio piel roja al Registro Civil y dice:
—Yo querer cambiar nombre porque mío ser demasiado largo.
La empleada pregunta:
—Pero ¿cómo se llama?
—Yo llamarme GRAN NUBE GRIS QUE LLEVA MENSAJES POR TODO EL MUNDO.
—Muy bien ¿y cómo quiere usted llamarse ahora? —pregunta la empleada.
—Simplemente FAX.

—¡Señora! Dígale a su hija que deje de imitarme...

—¡Niña! ¿Quieres dejar de hacer el idiota?

—Esta noche no he podido pegar ojo —le dice don Román a su mujer—. Había una pulga muerta en la cama.

—Pero si estaba muerta no ha podido molestarte.

—Ella no, pero tenías que haber visto todas las que han venido al entierro.

—No es higiénico chupar los sellos por el dorso.

—Ya, pero es que si los chupo por delante no se pegan.

PREGUNTA: ¿Cuál es el pez que abre y cierra puertas?

RESPUESTA: El *pez-tillo*.

—El mundo está lleno de sinvergüenzas —grita la señora cuando llega a casa—. Esta mañana el frutero me ha dado mil pesetas falsas.

—¿Es posible? ¿Dónde las tienes?

—No, no las tengo. En cuanto he podido se las he soltado al carnicero.

Un señor va en el tren y de repente exclama:

—¡Ay! Se me ha dormido el pie. —Y se quita el zapato.

—No, señor —contesta el hombre sentado enfrente, tapándose la nariz—, no se le ha dormido, se le ha muerto.

El viajero le dice al jefe de estación:

—¿De qué sirven los horarios de trenes si siempre llegan con retraso?

—¿Y de qué servirían las salas de espera si los trenes llegaran puntuales?

El revisor del tren le dice a un viajero:

—Caballero, con este billete sólo puede usted viajar en un rápido.

El viajero, ingenuo, le contesta:

—¡Ah, no importa! Diga al maquinista que aunque vaya más despacio me da igual, no tengo prisa.

—La última vez que acudí al médico por mis trastornos me aseguró que con una alimentación a base de comidas sanas, nutritivas y sustanciosas, después de algún tiempo ya no tendría nada.

—¿Y acertó?

—Ya lo creo. Lo cierto es que me he quedado sin un céntimo.

—Por favor ¿la Delegación de la ONCE?

—Sí, en el noveno B.

Un falsificador de billetes llega a la ventanilla de un banco a intentar un cambiazo. El señor de la ventanilla rechaza el billete y el falsificador le dice:

—Pero, vamos a ver, si usted afirma que nunca en la vida ha visto un billete de quince mil pesetas ¿por qué sabe que es falso?

—¿Y dónde dices que has estado?

—En Moscú.

—Pues allí habrás pasado mucho frío ¿no?

—Ni frío ni calor. Cero grados.

Un boxeador le dice a su entrenador:

—¿Hay que andar mucho desde el vestuario hasta el ring?

—Sí, hay un trechito, pero sólo tienes que hacerlo al ir. A la vuelta no vendrás andando...

PREGUNTA: ¿Cuántos metros hay entre un andén y el contrario?

RESPUESTA: Dos. Uno de ida y otro de vuelta.

El juez pregunta al acusado:

—Entonces, confiesa usted haber robado el abrigo. ¿Tiene usted algo que añadir?

—Pues sí, señor juez, pero ya lo he hecho. Le he tenido que alargar las mangas.

En el escenario reina el habitual nerviosismo que precede al ensayo general.

El director grita:

—¡Me da la sensación de que estoy en un manicomio!

—Sí —contesta el actor principal— pero allí por lo menos el director es normal.

Manolo ha venido a comer a casa de sus amigos, a los que hacía mucho tiempo que no veía...

—Pero ¿qué oigo? ¿Es que ya tenéis ratones?

—No —contesta el amigo—, son los vecinos que están comiendo.

La señora le dice a su nueva sirvienta:

—Debo decirle otra cosa. ¿A usted le gustan los gatos?

—¡Oh sí, señora! Yo como de todo.

En África un caníbal le dice al blanco que está en el caldero:

—Usted, que es civilizado, dígame cómo funciona este mechero. ¡No querrá usted que mi familia se muera de hambre!

☺ ☺ ☺ ☺

En un juicio, el juez pregunta al acusado:

—Se le acusa de haber robado un cargamento de maderas. ¿Puede explicar el móvil de su acción?

—Por hambre, señor juez, fue por hambre.

☺ ☺ ☺ ☺

—¿Te has dado cuenta de lo mal que funciona el correo?

—Pues no. Yo no tengo problemas últimamente con las cartas.

—Pues yo le he escrito tres veces a mi padre porque necesito dinero y no he recibido aún la respuesta.

☺ ☺ ☺ ☺

—Por favor ¿me da un cucurucho de helado?

—¿Nata, vainilla o chocolate?

—Es igual, si se me va a caer.

☺ ☺ ☺ ☺

Uno que va asomado a la ventanilla del tren ve que viene un puente y avisa a los de atrás:

—¡Cuidado con la barandandandandilla!

☺ ☺ ☺ ☺

El sacerdote del pueblo reúne a todos sus fieles en un campo cercano para pedir a la Virgen patrona que llueva. Cuando están todos reunidos, se sube a un estrado preparado a tal efecto y les dice muy disgustado:

—Hijos míos, he de deciros a todos que me destroza vuestra falta de fe.

Uno de los feligreses alza la voz en seguida y le dice:

—Pero, padre, cómo puede decirnos eso si hemos venido todos. Sólo falta don Alipio que está enfermo en cama.

—Pero, en cambio, demostrais no tener nada de fe. Estamos aquí para implorar que llueva y ni uno solo de vosotros ha traído paraguas.

Se abre el telón y aparece una cama de madera con un cartel que pone «500 pts.», y otra de hierro con otro cartel en el que pone «1.000 pts.». ¿Cuál es el título de la película?

—¿...?

—La más-cara de hierro.

Un vigilante de la cárcel a uno de los presos:

—¿De qué está usted protestando?

—Pues del pan, que es un asco. Hoy he encontrado una lima.

—Hola, buenas, vengo a pedir la mano de su hija.

—Lo siento, joven, pero pierde usted el tiempo.

—No, no lo crea, he aprovechado para entregar un paquete que tenía pendiente aquí al lado.

—¡Me han robado! ¡Me han robado!

—Pero, cómo, ¿no lleva usted siempre pistola?

—Sí, pero no la he sacado porque me la habrían quitado...

—¡Caramba! ¡Qué elegante vas! ¿En qué trabajas ahora?

—Soy vendedor de muebles.

—¿Y vendes muchos?

—De momento ¡he vendido todos los míos!

Un señor se sienta en la barbería dispuesto a que le corten el pelo y la barba. Entonces le dice al jovencito que se le acerca:

—Así que has aprendido el oficio de barbero. Es un oficio difícil ¿verdad?

—No, es muy fácil. Yo lo he aprendido en una semana, sólo que... aún me falta dominar un poco la navaja.

—¡Camarero! Tráigame una ración de setas.

—¿Una ración de setas? Bueno pero son quinientas pesetas.

—Pero bueno ¿desde cuándo hay que pagar antes de comer?

—No es nuestra norma, caballero, pero con las setas nadie sabe lo que puede pasar.

Al empezar un juicio, el juez pregunta al acusado:

—¿Se declara usted culpable o inocente?

—Inocente, señor juez.

—Entonces ¿ésta es la primera vez que le detienen?

—Sí, señor juez, nunca había robado antes.

Un novio le dice a su novia:

—Tu padre me tiene por medio tonto.

—No te preocupes, hombre. Aún es pronto y sólo te conoce a medias.

—¿Hablo con el doctor León?

—Pero ¿por quién pregunta usted?

—Por el doctor León.

—No, no, aquí vive Guillermo Lobo.

—Ah, perdone. Me he equivocado de jaula.

En una feria de ganado un cacique rural le dice al tratante:

—Si desea usted un buen asno, diríjase a mí.

Una abuelita va en un taxi y observa que el conductor saca fuera el brazo por la ventanilla en un gesto aparentemente inútil. Entonces, preocupada por la falta de atención de éste, le dice:

—Por favor, no deje el volante, joven, ya le avisaré yo cuando llueva...

—¿Está en casa el señor? Quisiera tener una entrevista con él.

—Lo siento, pero cuando está en casa, no recibe a nadie.

—¡Qué le vamos a hacer! Volveré otro día que esté fuera.

El juez le dice al acusado:

—Pero, hombre ¿cómo fue usted capaz de pegar a su esposa?

—De chiripa, señor juez. Siempre es ella la que me pega a mí.

—Mira, aquel americano debe de estar borracho; en pleno día con los faros del coche encendidos.

—Nada de borracho —contesta el otro—, es que en América a esta hora es completamente de noche.

En un tribunal el juez se dirige al acusado:

—Espero que ahora que ha llegado su abogado nos hará el favor de hablar.

—No, no, señor juez. Es mejor que hable él. Es

que... mire, yo nunca he servido para mentir.

☺ ☺ ☺ ☺

En la cárcel un preso le confiesa a otro:

—Te voy a revelar mi mayor secreto: esta noche voy a escaparme. ¿Quieres venir conmigo?

—Lo siento, pero me es imposible. Te voy a revelar otro secreto: soy guardián.

☺ ☺ ☺ ☺

Alberto se sienta una mañana junto a la mesa del comedor y, tras tomar el café, se pone a leer el periódico. Al cabo de media hora su mujer le pregunta:

—¿No vas a la oficina hoy?

—¿A la oficina? Ah, claro —exclama Alberto levantándose—, si creía que ya estaba allí.

☺ ☺ ☺ ☺

—Por favor, camarero, una mosca en mi sopa.

—Se la traigo en seguida, señor.

☺ ☺ ☺ ☺

En la taquilla de un cine un señor pide una entrada de precio reducido...

—Pero ¿por qué motivo le íbamos a vender una entrada de precio reducido? Hoy no es el día del espectador.

—Ya, pero es que la película es en color y yo soy daltónico.

☺ ☺ ☺ ☺

—María, hoy me ha ido muy mal en la caza. No traigo ni una pieza.

—Lo suponía. Han cerrado el mercado por defunción...

Una ejecutiva muy cursi se va a hacer un viaje de aventura al Amazonas. De pronto aparece un cocodrilo y ella grita:
—¡Supersocorro, supersocorro, que me come un Lacoste!

Una mosca paseaba con su cría por la cabeza de un calvo y le iba contando:

—Cuando era joven como tú ahora, todo esto era bosque...

PREGUNTA: ¿Cuál es el pollo más bello?

RESPUESTA: *Po* yo.

En una fiesta familiar un joven no para de contar bobadas y de aburrir con sus chistes nefastos a todo el personal. El dueño de la casa, harto de presenciar tan lamentable espectáculo, se dirige a él y le dice:

—Perdone, jovencito ¿se cree que es usted el dueño de la casa?

—No, señor, de ninguna manera.

—Muy bien. Pues entonces deje ya de una vez de hacer el idiota.

A Agustín se le han roto las gafas y corre a comprar otras...

—Hola, buenas, quería unas gafas de miope. De doce dioptrías.

—No, lo siento...

—Bueno pues de once.

—Lo sentimos pero...

—Oiga, pero ¿qué clase de óptica es ésta?

—Señor, intentaba decirle que esto es una carnicería.

El revisor del autobús amonesta al conductor al ver que éste va fumando:

—¡Bonito ejemplo el suyo! Pero, hombre ¿cómo voy a decirles yo a los viajeros que está prohibido fumar?

—¿Y cómo voy a decirles yo que está prohibido hablar con el conductor?

El sexto piso de la facultad de Matemáticas e Informática de la Universidad de Waterloo, en Canadá, es un verdadero laberinto de pasillos retorcidos que no conducen a ninguna parte o que terminan en oficinas o puertas sin señalizar. En una ocasión, un estudiante buscaba la escalera y, desesperado al encontrarse con otro pasillo sin salida, exclamó:

—¡Dios mío! ¿cómo voy a salir de aquí?

En el otro extremo del pasillo, se oyó una voz que salía de una puerta que estaba abierta:

—Gradúate.

En el comedor de un manicomio...

—¿Por qué tiras todos los panecillos después de untarlos con mantequilla?

—¡Porque no me gusta nada la mantequilla!

—¿Lo has oído? Al parecer quieren suspender todos los programas de alfabetización que dan por la tele.

—Pero ¿por qué van a hacer eso si es lo único útil que echan en todo el día?

—Porque al parecer cada analfabeto que aprende a escribir lo primero que hace es enviar una carta a Televisión para criticar el resto de los programas que transmiten.

En un campamento de verano, los chicos salen de excursión y el guía les dice:

—Tened cuidado con donde pisáis, porque por aquí cerca hay un pozo escondido entre la hierba que no se ¡¡¡iveeeeeeee...!!!!

En una ejecución que se va a celebrar en la plaza del pueblo...

—Antes de que se cumpla la sentencia, puede usted expresar su último deseo.

A lo que contesta el reo:

—Quisiera que muriera el verdugo.

Un científico, haciendo un experimento con una araña suelta a ésta sobre la mesa de su laboratorio, le quita una patita y le dice:

—¡Ven!

La araña tap, tap, tap, se le acerca y el científico apunta: «Si le quito una pata a la araña acude a mi llamada». Acto seguido le corta dos patitas, repite la operación y le dice:

—¡Ven!

Y la araña tap, tap, tap, se le acerca nuevamente. El científico apunta: «Si a la araña le quito dos patitas, acude a mi llamada». Así continúa experimentando y tomando apuntes, hasta que la araña se queda sin patas, momento en que vuelve a colocarla sobre la mesa y le dice:

—¡Ven!

La araña se queda inmóvil...

—¡Ven! ¡ven! —le increpa de nuevo.

La araña permanece quieta. El científico coge su libreta de apuntes y escribe: «Insólito descubrimiento. Una araña despojada de sus patas se queda sorda».

En un letrero de una pequeña ciudad americana, se lee: «Circulen despacio. Esta ciudad sólo dispone de un coche fúnebre».

A un avión se le averió un motor en pleno vuelo, así que el piloto ordenó a la tripulación que los pasajeros se abrocharan los cinturones y se prepararan para un aterrizaje forzoso. Dejó pasar unos minutos y preguntó a una azafata si ya estaban todos listos. Ésta respondió:

—Sí, todos, menos un abogado que sigue repartiendo sus tarjetas.

El barón entra de repente en su despacho y encuentra al mayordomo de confianza tomando una hermosa copa de su mejor brandy...

—¡Bautista! —grita con estupor—. ¡Me asombra!

—No tanto como a mí, señor barón. Estaba convencido de que no regresaría hasta el mediodía.

El juez le pregunta al acusado paternalmente:
—Cuando robaste aquel anillo
¿no pensaste en tu porvenir?
—Pues no, señor juez, si no. hubiera
cogido muchos más.

Un científico inglés fue a Japón a pronunciar una conferencia de una hora de duración. Como los asistentes no hablaban inglés, se contrató a un intérprete para que tradujera consecutivamente el discurso al japonés.

Al cabo de 15 minutos, el conferenciante hizo una pausa; el traductor se levantó, dijo cinco palabras y volvió a sentarse. El conferenciante siguió adelante, sorprendido. Quince minutos después volvió a detenerse, y una vez más el traductor se limitó a decir otras cinco palabras. Al final, el traductor pronunció otras cinco palabras y se despidió con una leve inclinación de cabeza. Más desconcertado que nunca y sin saber qué hacer, el conferenciante le pidió a un colega que hablaba los dos idiomas que le explicara lo ocurrido.

—Lo primero que dijo fue: «Hasta ahora no ha dicho nada nuevo» —le contó el amigo—. Luego añadió: «Creo que no nos dirá nada nuevo». Su última frase fue: «Estaba yo en lo cierto».

Un diputado con quien siempre se metía uno de sus colegas, no sabía qué hacer para vengarse de él.

Un día, en la Cámara, se levantó y dijo:

—A todo esto, señor Barba, he tenido recientemente ocasión de saber que es usted veterinario. ¿Es cierto eso?

—Sí —contestó el colega algo sorprendido—. ¿Se siente usted enfermo?

Entre dos diputados enfrentados, uno le dice al otro:

—Ante todo, yo me pregunto qué vienes a hacer aquí. Nunca te veo abrir la boca.

—Eso no es cierto —contesta tranquilamente el otro—. Siempre que tú hablas, yo bostezo.

El juez pregunta en el tribunal:
—Señorita ¿usted cuántos años tiene?
—Pues he contado veinticinco primaveras...
—Bien. Ahora intente recordar en qué año se cansó usted de contar.

El revisor amonesta a un viajero:

—Tengo que cobrarle la multa pues está infringiendo una disposición, señor. En los trenes no se puede fumar. Mire, lea el cartel allí arriba: «Prohibido fumar».

—Usted también está contraviniendo otra disposición; si no, lea allí arriba: «Masque chicle Gum Gum a todas horas».

Un chatarrero llega a una ciudad pequeña a descargar unas mercancías. Detiene el carromato y le ruega a un señor que pasaba que le sujete las riendas del mulo. Entonces el señor le dice ofendido:

—Oiga, sepa usted que soy un abogado.

—No se preocupe. Yo me fío de todo el mundo.

—¿Tú qué crees que haría Noé para entretenerse dentro de su arca?

—Pues no sé. Se pasaría el día pescando.

—Si no podía... sólo tenía dos lombrices para cebo.

—Se abre el telón, y se ve a una rubia en la playa, y un montón de gitanos que la siguen de cerca. Se cierra el telón. Se abre el telón, y todavía la están siguiendo. ¿Cómo se titula la película?

—Los vigilantes de la paya.

—¿Y tú por qué estás tan gordo?

—Porque nunca discuto.

—Pero ¿qué dices, idiota? Eso es una tontería, no puede ser.

—Bueno, pues si tú lo dices...

☺ ☺ ☺ ☺

—¿Qué hacen seis huevos en el desierto?

—Una sombra de tres pares de huevos.

☺ ☺ ☺ ☺

En cierta ocasión, al detective López le tocó investigar un robo cometido en una iglesia. El principal sospechoso se negaba a confesar, hasta que el párroco pidió hablar a solas con él. A los pocos minutos, el párroco salió y le dijo a López el nombre de la casa de empeño donde se encontraban los objetos robados. El detective López, estupefacto, le dijo al sacerdote:

—¿Cómo lo ha conseguido? Nosotros no hemos sido capaces ni con amenazas ni con todos los medios de presión de que disponemos.

—Muy sencillo: le dije simplemente que usted podía mandarle a que se pudriese en la cárcel, pero que yo le mandaría al infierno.

☺ ☺ ☺ ☺

A un señor le están afeitando en la peluquería y, de repente, el barbero le pregunta:

—Señor, cuando ha

entrado usted ¿traía una corbata roja?

—No —contesta el señor—. Era blanca.

—Pues entonces —exclama con calma el barbero— se ve que le he hecho algún corte al afeitarle.

Un apuesto joven se presenta en casa de un banquero para pedir la mano de su hija. El padre le pregunta:

—Dígame, caballero ¿su porvenir está asegurado, por lo menos?

—Desde luego que sí, señor. A no ser que su hija me haya contado una mentira.

Un agente de tráfico detiene un coche lleno de monjas porque va demasiado lento. El agente le pregunta a la conductora que por qué no va algo más rápido y ella le contesta:

—Oficial, todas las señales dicen «40».

—Madre —responde el agente—, ése es el número de la carretera, no el límite de velocidad.

—¡Ah! Entonces, llevaban razón las hermanas.

—¿A qué se refiere, madre? —continúa el agente.

—Es que acabamos de salir de la carretera 240.

PREGUNTA: ¿En qué se parecen los cangrejos a los garbanzos?
RESPUESTA: En que los cangrejos son moluscos y los garbanzos *me lus como.*

☺ ☺ ☺ ☺

Van dos granos de arena por el desierto y dice uno:
—No te vuelvas, pero creo que nos siguen.

☺ ☺ ☺ ☺

PREGUNTA: ¿En qué se parece una cueva a un frigorífico?
RESPUESTA: En que la cueva tiene estalactitas y estalagmitas y el frigorífico esta latita de atún, esta latita de anchoas...

☺ ☺ ☺ ☺

—¿Sabes? Yo no puedo comer paella.
—¿No? ¿Y eso?
—Porque se me llena la boca de granos.

☺ ☺ ☺ ☺

Un fanfarrón le dice a otro:
—Cuando yo era joven me «cargué» todos los árboles que había en la selva de Sahara.
—Querrás decir en el desierto del Sahara —le corrige el otro.
—Bueno, sí. Ahora lo llaman así.

☺ ☺ ☺ ☺

A un aviador que había salvado milagrosamente la vida le pregunta una señora:
—¿En qué pensó usted

cuando advirtió que el paracaídas no se abría?

A lo que el aviador contesta:

—Pues pensé: «Esperemos que no se ponga a llover».

☺ ☺ ☺ ☺

—¿Cuál es la diferencia entre un criminal condenado a galeras y un estudiante graduado?

—Que a los esclavos les daban de comer de vez en cuando.

☺ ☺ ☺ ☺

—*Z'abre er* telón, y aparece un *andalu'*, con *zu zombrero cordobe' ladeao*, la manga de la *camiza zubida, zacando* bola con un brazo, *zeñalándozela* (la bola) con el otro y mirando *ar* público con cara de *shulo*. ¿Cómo se llama la película?

—*Mia'mi bice*

☺ ☺ ☺ ☺

PREGUNTA: ¿Qué le dice un grano de arena a otro en el desierto?

RESPUESTA: ¡Jo, qué ambiente!

☺ ☺ ☺ ☺

Una señora está haciendo la compra en el puesto del pescado, en el mercado y dice:

—¿No hay ningún dependiente más inteligente que pueda servirme?

—No, señora: el más inteligente se ha ido en cuanto la ha visto entrar.

☺ ☺ ☺ ☺

Un antropólogo está realizando unos estudios en una tribu africana y es requerido por el jefe de la tribu, que le dice muy enfadado:

—Venir aquí, antropólogo. Haber nacido niño blanco en tribu.

El antropólogo intenta salir de semejante aprieto y le responde señalando un rebaño de ovejas:

—Mire, jefe, en genética todo es posible. Mire ese rebaño de ovejas blancas, verá que entre ellas también hay una oveja negra...

El jefe tomándole por el hombro le contesta:

—Tú escuchar antropólogo. Yo no decir nada de niño blanco. Tú no decir nada de oveja negra.

El barón le reta al conde... a un duelo
—Dignísimo conde, pagaréis muy caro el insulto con el que me habéis ofendido. Mañana, al amanecer, cambiaremos nuestros proyectiles.
—¿Del mismo calibre, ilustrísimo barón? —pregunta el conde.
—Sí, conde.
—¿Del mismo metal?
—Sí, por supuesto.
—¿Del mismo peso?
—Pues claro —contesta, ya algo malhumorado, el barón.
—Perdonadme, barón, pero si son totalmente iguales ¿por qué tenemos que cambiarlos y además darnos un madrugón?

Dos macarras:
—¿Qué tal el concierto, colega?
—Estuvo chachi, tronco. Moló hasta la música.

Julio *César* a sus legionarios:
—Tengo dos noticias, una buena y la otra mala. ¿Cuál queréis primero?
—¡La buena, la buena!
—Pues la buena noticia es que hoy nos vamos a cambiar de calzoncillos.
Los legionarios llevaban ya dos años de campaña en las Galias sin haberse cambiado, así que se ponen muy contentos.
—¡Bravo! ¡Viva Julio *César*! ¿Y cuál es la otra noticia?
—Tú te cambiarás los calzoncillos con ése, tú con el otro, el de más allá con el de la trompeta,...

Esto es un esqueleto que va a un bar y dice:
—¿Me da un café y una fregona?

PREGUNTA: ¿En qué se parecen un perro, un gato y un hombre que se está ahogando?
RESPUESTA: En que el gato dice ¡Miau!, el perro ¡Guao! y el hombre que se está ahogando ¡*Mii auguao*!

—¿Qué le dice una pared a otra?
—Nos encontramos en la esquina.

PREGUNTA: ¿por qué Italia tiene forma de bota?
RESPUESTA: Porque es imposible meter tanta gente en un zapato.

☺ ☺ ☺ ☺

—Jo, tío, he soñado que ganaba 200 millones como mi padre.
—¿Tu padre gana 200 millones?
—No, también lo sueña.

☺ ☺ ☺ ☺

Una galleta va por el desierto cantando:
—Soy una galleta, soy una galleta.
Un beduino está hasta las narices de oír su monótona canción, así que le pega un tiro y la galleta sigue cantando:
—Soy una rosquilla, soy una rosquilla.

☺ ☺ ☺ ☺

—Jo tío, ayer me puse las lentillas al revés y ¿sabes lo que me pasó?
—No.
—Que me vi a mí mismo.

☺ ☺ ☺ ☺

Un tipo va por la calle con una bolsa llena de plátanos y un salero; va sacando los plátanos, los pela, les echa sal y luego los tira. Total, que otro colega se le queda mirando como pasmado, y le pregunta:
—Oye, pero ¿qué haces?
—Nada, es que no me gustan los plátanos con sal.

Una señora que padecía bastante miopía se sube por primera vez a un avión. Al asomarse por la ventana, le dice al compañero de asiento:

—¡Hay que ver! Qué pequeñita se ve la gente allí abajo. Parecen enteramente hormigas.

—Señora, son hormigas en realidad. No hemos despegado todavía.

Chiste informático:

CLIENTE: ¡Camarero...!

CAMARERO: Hola, mi nombre es Bill y seré su camarero de soporte. ¿Qué problema tiene?

—Hay una mosca en mi sopa.

—Inténtelo de nuevo. Quizás ya se haya ido.

—No, aún está ahí.

—Puede ser también la forma en que se está tomando la sopa. Intente tomarla con un tenedor.

—La mosca sigue ahí, aun cuando uso el tenedor.

—Puede ser que la mosca sea incompatible con el plato. ¿Qué plato está usando?

—¡¡Un plato para sopaaaaa!!

—Hmmm, es muy extraño, debería funcionar. Puede ser un problema de configuración. Dígame ¿sabe cómo está configurado su plato?

—Usted me lo trajo en una bandeja y me lo puso sobre la mesa... ¿tiene eso algo que ver con la mosca que hay en mi sopa?

—¿Podría recordarme exactamente todo lo que hizo usted antes de notar la mosca en la sopa?

—Yo llegué, me senté y pedí «la sopa del día».

—¿Ha considerado la posibilidad de actualizarse a la última versión de la «Sopa del Día»?

—¿Es que tienen varias clases de «sopa del día»?

—Sí, cambia cada hora.

—Bueno ¿cuál es la «sopa del día» en este momento?

—Déjeme consultar... Es de tomate.

—Bueno, tráigamela junto con la cuenta, porque estoy que muerdo.

—Aquí tiene, señor, la sopa y la cuenta.

—¡¡Eh!! Pero esta sopa es de arroz.

—Sí, es que la versión de tomate todavía no ha sido liberada.

—Bueno, estoy tan hambriento que me la tomaré.

El camarero se aleja...

—¡¡¡Camarerooooooooo!!! ¡¡Hay un mosquito en mi sopa!!

La cuenta: Valor en dólares.

Sopa del día: $30

Actualización a la última versión: $25

Servicio de soporte: $100

Nota: Los bichos *(bugs)* en la sopa se incluyen sin costo adicional (éstos serán eliminados en la «Sopa del Día» de mañana).

PREGUNTA: ¿Por qué el pollo cruzó la carretera?
RESPUESTAS:
Platón: Porque buscaba el bien.
Aristóteles: Está en la naturaleza de los pollos cruzar la carretera.
Marx: Era algo inevitable en la historia.
Martin Luther King: Veo un mundo en el que todos los pollos serán libres de cruzar la carretera sin que sus motivos se pongan en cuestión.
Bill Clinton: El pollo no cruzó la carretera.
Repito, el pollo NO cruzó la carretera.
Maquiavelo: La cuestión es que el pollo cruzó la carretera.
¿A quién le importa el porqué? El fin de cruzar la

carretera justifica cualquier motivo.

Freud: El hecho de que estés preocupado porque el pollo cruzó la carretera revela tu inseguridad personal.

Bill Gates: Acabo de lanzar el MS Chicken 2000, que no sólo cruza carreteras, sino que pone huevos, archiva tus documentos importantes y cuadra tus cuentas.

Darwin: A lo largo de grandes períodos de tiempo, los pollos han sido seleccionados naturalmente de modo que ahora tienen una disposición genética a cruzar carreteras.

Einstein: Si el pollo ha cruzado la carretera o la carretera se ha movido debajo del pollo depende de tu marco de referencia.

Buda: Preguntar eso niega tu propia naturaleza de pollo.

Un tío va con un plátano en la oreja, y se encuentra con un colega.

—Oye, que tienes un plátano en la oreja.

—¿Qué?

—¡Que te digo que tienes un plátano en la oreja!

—¿Qué?

—¡¡Que tienes un plátano en la oreja!!

—No te entiendo.

—¡¡¡TIENES UN PLÁTANO EN LA OREJA!!!

—Oye, mira, háblame por este lado, es que en la oreja derecha tengo un plátano y no oigo nada.

—Oiga señora, ¡qué dos hijos más guapos tiene!
—No, si es uno, pero muy nervioso.

—¿Qué autor estás leyendo?
—Ah, sí, Anónimo, yo me estoy leyendo un libro de Anónimo.
—¿Cómo que de Anónimo? Si ése no es nadie.
—Pues ha escrito muchos libros.

—¿Qué problema tiene el comprarse un bumerán nuevo?
—Que hay que tirar el viejo, y tirar el viejo, y tirar el viejo...

—Me he comprado una chimenea con microondas.
—Y ¿para qué sirve?
—Ahora puedo pasarme una noche enfrente del fuego en sólo quince minutos.

—¿Cómo llamas a un bumerán que no vuelve?
—Llámale como quieras, pero te va a dar igual, no volverá.

—¿Qué le dice un semáforo a otro?
—No me mires, que me estoy cambiando.

Yo me llamo Duracell... es mi nombre de pila.

Sería bien divertido tener una máquina del tiempo para poder viajar al pasado justo antes de un eclipse de Sol, y decirles a los cavernícolas que eres un mago y que has venido a destruirles tan sólo para practicar tus poderes, y que empezarás por el Sol. Probablemente intentarían matarte a pedradas o algo así, pero entonces tú les explicarías que la Tierra es redonda y gira alrededor del Sol, y lo de las fases de la Luna, y todo el mundo se partiría de la risa.

Un ladrón le dice a su víctima:

—Le he engañado. La pistola es de plástico.

—Me da igual. Los billetes también son falsos.

—¿Has dormido bien?
—No, he cometido unos cuantos errores.

Estoy escribiendo una autobiografia no autorizada.

Van dos muertos en una barca y dice uno:
—¿Habras traído los víveres?
—¿Querrás decir los muérteres?
—Ja, ja, ja, que me vivo de risa.

—¿Has oído el caso de ese fugitivo que secuestró un autobús de turistas japoneses?

La policía tiene 5.000 fotos suyas.

Hace falta dinero para hacer dinero... necesitas un modelo de billete para falsificarlo.

El otro día rompí un espejo en mi casa, y ahora se supone que tendré siete años de mala suerte. ¿Crees que podría rebajarlos a cinco si hablase con mi abogado?

El Sol nunca se ponía en el Imperio español. Pero sin embargo, salía todas las mañanas. Debía de hacer un calor de espanto.

Empecé a tomar clases de ciclismo, pero dejé de asistir a mitad del curso. Ahora sólo sé montar monociclos.

El béisbol consiste en un 90% de inteligencia, y la otra mitad es esfuerzo físico.

A veces, yo voy ... bueno... no, la verdad es que no lo he hecho nunca.

JA JA JA JA JA
JA JA JA JA JA